RESTAUR

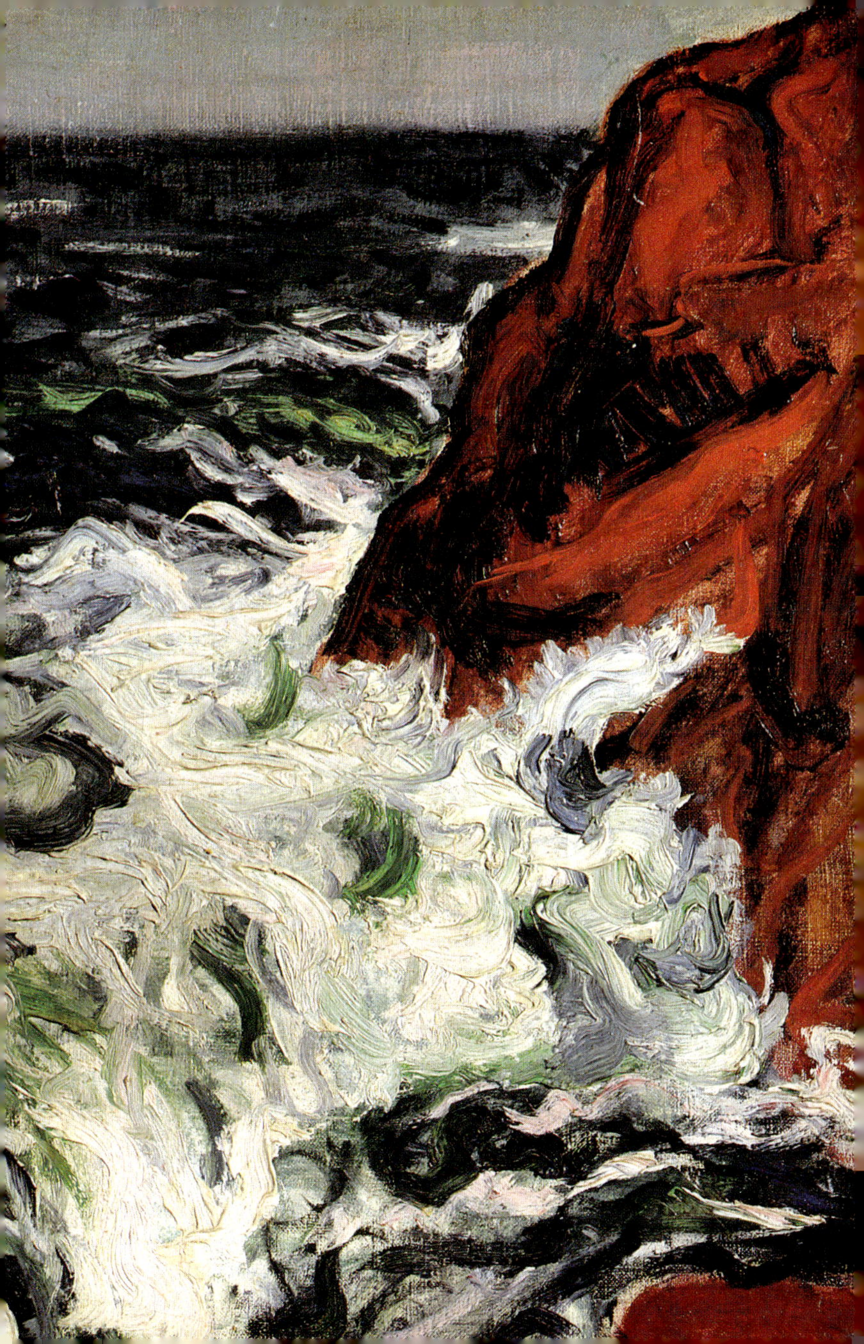

Antoine Terrasse, particulièrement intéressé par le tournant du XIXe au XXe siècle en peinture, a notamment publié des ouvrages sur Bonnard, Maurice Denis, Seurat, les impressionnistes, *Degas et la photographie* (Denoël, 1983), *De Cézanne à Matisse* (Famot, 1980), *Bonnard illustrateur* (Adam Biro, 1988), *Les Nabis*, avec Claire Frèches-Thory (Flammarion, 1990), *La Correspondance Bonnard-Matisse*, avec Jean Clair (Gallimard, 1991). Il a également participé à l'élaboration de nombreuses expositions en France et à l'étranger.

Dépôt légal : avril 1993
Numéro d'édition : 56228
ISBN : 2-07-053209-7
Imprimerie Kapp Lahure Jombart, à Evreux

PONT-AVEN
L'ÉCOLE BUISSONNIÈRE

Antoine Terrasse

DÉCOUVERTES GALLIMARD
PEINTURE

Un bourg du Finistère. Des maisons serrées de part et d'autre d'une rivière charmante, l'Aven, qui forme là un petit estuaire. Un bois tout près s'y reflète, nommé le Bois d'Amour. Des chemins entre les haies, qui mènent à la chapelle de Trémalo, enfouie dans les verdures, ou à la petite église de Nizon et à son calvaire. Comment des peintres n'auraient-ils pas, un jour, été attirés par le site de Pont-Aven ?

CHAPITRE PREMIER

LE CHARME DE LA BRETAGNE

Peintre surtout de paysages et de marines, Gaston Roullet (1847-1925) visita la Cornouaille, et peignit, notamment, ce *Port de Pont-Aven* (détail en page de gauche). François Hippolyte Lalaisse (1812-1884) voyagea pendant quatre années à travers toute la Bretagne, réalisant d'innombrables croquis de costumes et quelques paysages, telle cette vue de Pont-Aven (ci-contre), au chaos de rochers parsemant la rivière.

La Bretagne était à la mode depuis *René*. L'ouvrage de Chateaubriand était paru dès le début du siècle après avoir été d'abord englobé dans *Le Génie du christianisme* (1802). «Le clocher solitaire, s'élevant au loin dans la vallée, a souvent attiré mes regards; souvent j'ai suivi des yeux les oiseaux de passage qui volaient au-dessus de ma tête. Je me figurais les bords ignorés, les climats lointains où ils se rendent; j'aurais voulu être sur leurs ailes.» Cette adolescence bretonne devait être longuement évoquée dans les *Mémoires d'outre-tombe* parus en bonnes feuilles entre 1848 et 1850.

Gustave Flaubert se rendait en Bretagne, de mai à juillet 1847, avec Maxime du Camp, «sac au dos et souliers ferrés aux pieds». A Saint-Malo, il avait pu contempler le tombeau, déjà construit, destiné à accueillir les cendres de l'Enchanteur : «Je t'envoie, ma chère amie, écrivait-il à Louise Colet, une fleur que j'ai cueillie hier au soleil couchant sur le tombeau de Chateaubriand. La mer était belle, le ciel était rose, l'air était doux. C'était un de ces soirs d'été tout flambants de couleurs d'une splendeur si immense qu'elle en est mélancolique, un de ces soirs ardents et tristes comme un premier amour.» Les souvenirs de ce voyage «au pays des chevaliers de la Table ronde, dans la contrée des fées, dans la patrie de Merlin, au berceau mythologique des épopées disparues», devaient paraître précisément en 1886 sous le titre *Par les champs et par les grèves*.

Le calvaire de Tronoën en Saint-Jean-Trolimon est l'un des plus anciens. Il remonterait à la fin du XVe siècle, et présente une ample iconographie de la vie du Christ, depuis l'Annonciation jusqu'au *Noli me tangere*.

Exposé aux embruns et à la «séduction des chimères», le tombeau de Chateaubriand se fond dans le rocher sur l'île du Grand Bé.

Un refuge pour la pensée et pour le rêve

En août de cette même année, le jeune Maurice Barrès – il avait vingt-quatre ans – se rendait à son tour en Bretagne, avec Charles Le Goffic. Ses premières impressions furent vite publiées dans *Le Voltaire* : «Sous ce ciel d'un vert si doux, il faut aimer le soir ces chapelles sans nom, ces pierres grises et pauvres sous la bise, ces demeures basses où un saint et ridicule et grêle et délaissé témoigne d'un art plus intense que toutes les prétentions affichées de l'école.» Parlant encore des sculpteurs de pierre, de ces «grands artistes anonymes», il ajoutera qu'ils «sortaient du fond même des Gaules. Ils ne devaient rien à Rome, ni aux Grecs. Ici, enfin, l'oiseau gaulois n'est pas terni de poussière latine.»

Peu importe que cette «poussière latine» ait tant séduit, en d'autres lieux, Ernest Renan... Il n'en était pas demeuré moins ému lui-même au fond de son cœur par tous les charmes de son pays natal. Ses *Souvenirs*

““Si Lorrain que je sois, mon cher compatriote, écrivait Barrès (ci-dessus) à un ami de Nancy, je me suis senti Breton en Bretagne.””

A propos de Chateaubriand, Maurice Barrès écrivit encore : «Dans cette âme dégoûtée jusqu'au nihilisme, l'honneur se dresse solitaire comme un château dans la lande bretonne.» Charles Le Goffic, avec qui il parcourut la Bretagne, né à Lannion en 1862, devait publier notamment un beau livre : *L'Ame bretonne*.

d'enfance et de jeunesse, échelonnés dans *La Revue des Deux Mondes* entre 1876 et 1882, avaient constitué, avec *La Prière sur l'Acropole*, un événement littéraire. Ils venaient de paraître en livre en 1883. On entendit de nouveau cet hymne à Athéna déjà célèbre : «Je suis né, déesse aux yeux bleus, de parents barbares, chez les Cimmériens bons et vertueux, qui habitent au bord d'une mer sombre, hérissée de rochers, toujours battue par les orages.»

Ainsi, la Bretagne depuis longtemps était dans les esprits. En cette fin de siècle vouée de plus en plus à la civilisation industrielle, elle apparaissait comme un refuge pour la pensée et pour le rêve. Terre encore lointaine, originelle et inviolée, elle demeurait le pays des forêts légendaires, le témoin toujours vivant d'un passé très reculé.

Pour être arrangée d'une manière idéaliste, *La Fileuse* (1881) de Paul Peel n'en caractérise pas moins le décor spécifique breton.

Les peintres à Pont-Aven

Ce furent des artistes américains qui les premiers découvrirent Pont-Aven : parmi eux, Henri

Bacon, Robert Wylie, Charles G. Way s'y établirent dès 1864-1865. Ils ne tardèrent pas à y faire venir une sorte de colonie, installée dans les deux hôtels et dans l'auberge de l'endroit, bientôt logée aussi chez l'habitant. D'autres étrangers arrivèrent, d'Angleterre ou de Scandinavie. Robert Wylie avait été un élève de l'Ecole des beaux-arts à Paris, dans l'atelier de Gérôme; ses camarades parisiens allaient ainsi venir, comme d'autres de l'atelier Cormon. Des paysagistes, Alexandre Defaux ou Léon Pelouse, amenèrent également ici leurs disciples durant une saison ou deux. Félix Jobbé-Duval, ami de Léon Gérôme, était breton; ses fils peignirent à Pont-Aven dans les années 1880. L'endroit fut donc vite connu, pour l'attrait de ses paysages, pour l'accueil de ses habitants, pour la modicité, aussi, de certains prix de pension. C'est Félix Jobbé-Duval, dit-on, qui le signala à Paul Gauguin : celui-ci allait s'y rendre pour la première fois en juillet 1886, et s'installer aussitôt à la pension Gloanec.

Nombreux étaient les peintres étrangers, et en particulier américains, venus travailler à Pont-Aven. Certains, comme on le voit ci-dessus n'hésitaient pas à adopter les mœurs locales en se mettant en sabots.

Costume féminin de Pont-Aven (ci-dessous) avec sa coiffe et sa collerette de toile, bordée de dentelles locales, qui couvre amplement les épaules.

Couleurs, coutumes et costumes

Hélène Schjerfbeck, finlandaise (1862-1946), a peint à vingt-deux ans les *Funérailles à Pont-Aven* d'un tout jeune enfant, scène saisie dans un arrêt recueilli. Le Hollandais Herman Van den Hanker (1832-1883) vint à plusieurs reprises à Pont-Aven : en 1872, 1876, et 1881. Attaché à la vérité des détails, il a laissé une peinture très évocatrice de la vie en Bretagne à cette époque, tel son *Vieux Breton de Pont-Aven* (1880, ci-contre). Henry Jones Thaddeus (1859-1929), irlandais, réalisa en 1882 son *Jour de Marché, Finistère* (p. 20), à la fois vivant, précis et coloré, mais dont on sent que les trois figures principales ont posé en atelier. Emma Löwstedt (1855-1932), suédoise, fit partie de la colonie d'artistes anglo-saxons installée près de Fontainebleau, à Grez-sur-Loing. Son *Parasol* (p. 21), peint vers 1880 en Normandie ou en Bretagne, fait penser à Corot par le sujet et par l'esprit. Américain d'origine mais «français d'adoption», Robert Wylie (1839-1877) vécut plusieurs années durant à Pont-Aven, où il mourut, âgé seulement de trente-huit ans dans l'hôtel de Julia Guillou. Ses *Joueurs de cartes* (p. 21, en bas) constituent une vivante étude de personnages.

Les *Lavandières à Pont-Aven* (1886, ci-dessus) : l'une des premières toiles de Gauguin en Bretagne, tout empreinte d'une forme de tristesse (détails ci-contre et page de droite, en bas).

L'arrivée de Gauguin

De cette première rencontre avec la Bretagne, qui durera un peu plus de trois mois, datent quelques paysages d'une grande douceur dans les coloris et le dessin. Gauguin s'imprègne, dirait-on, de la douceur même du climat qui règne en cette contrée, de cette lumière un peu mélancolique et changeante où se dessinent les collines et les vallons, tous les accidents du terrain. Il observe de loin cette ferme abritée du

« Oui, les landes sont tristes, et tristes aussi les blêmes passants muets qui les traversent, et tristes bien souvent les ciels chargés de nuages, qui pleurent. Pourtant cette tristesse recèle une grandeur, respire la force, invite à l'action tour à tour et au rêve. »
Charles Morice

La *Bergère bretonne* (1886, ci-contre) appartint d'abord à deux peintres : à Léon Fauché, qui devait être l'un des exposants du café Volpini en 1889, puis à Gustave Fayet, qui sut réunir une admirable collection d'œuvres de Gauguin.

vent par des bouquets d'arbres, au fond d'un pré que limite un ruisseau; des lavandières y trempent leur linge. Il s'arrête dans une allée de forêt qui monte au-dessus de la rivière. Tapisserie très fine de verdures et de reflets, que ponctue soudain la coiffe blanche d'une enfant dans le chemin. Plus bas dans la campagne, une bergère est assise sur un muret entre deux champs; à gauche les moutons, à droite une vache. La petite Bretonne porte la coiffe à traîne du pays, le caraco foncé sur la jupe claire; elle a glissé ses chaussons brodés dans ses sabots de bois. La ferme n'est pas loin. On voit en contrebas son toit de chaume et sa cheminée. Un paysan, à gauche, en contourne le mur. A l'horizon, au-delà des prés, d'autres bois. Un jeu nuancé de roses et de verts, de bleus et d'orangés, de jaunes et de violets vibrant délicatement en touches zébrées transpose dans sa peinture la poésie de ces spectacles.

La jeune bergère bretonne, que l'on voit assise sur un muret dans le tableau, a d'abord été dessinée séparément (ci-dessus) au fusain rehaussé d'aquarelle : procédé préparatoire habituel du peintre dans le cours de son travail.

Déjà reconnu par Pissarro et Degas

Cette manière de peindre fait penser à Camille Pissarro, dont Gauguin a reçu l'amitié et les conseils. «Ce fut un de mes maîtres, et je ne le renie pas», écrira-t-il. Autre maître à qui il rendra également hommage : Degas. Pissarro et Degas – Manet aussi – avaient rapidement saisi les dons de cet amateur passionné qui, de 1873 à 1883, peignait surtout le dimanche, en dehors du temps qu'il devait consacrer à son métier de boursier et à sa famille ; cinq enfants étaient nés depuis son mariage avec Mette Gad, une jeune Danoise, en 1873.

Amateur... mais invité déjà par Pissarro et par Degas à se joindre aux impressionnistes pour leurs quatre dernières expositions de groupe. Il y présenta non seulement des peintures mais encore des sculptures. Et c'est précisément après leur ultime exposition d'ensemble, du 15 mai au 15 juin 1886, qu'il se rendit à Pont-Aven.

Aux noms de Pissarro et de Degas il faut ajouter celui de Paul Cézanne, que Gauguin a vu travailler à Pontoise auprès de Pissarro, et dont il possède cinq tableaux dans sa collection personnelle.

Gauguin, Seurat et l'impressionnisme

Venu retrouver les impressionnistes en cours de route, Gauguin – plus jeune qu'eux de dix à quinze ans – les a rencontrés au moment où, après avoir créé des chefs-d'œuvre admirables par leur technique commune de la juxtaposition des tons en virgules frémissantes destinées à traduire toutes les vibrations de la lumière, ils sentaient eux-mêmes les dangers de cette fragmentation. Ne risquaient-ils pas de se laisser trop envahir par l'aspect extérieur et fluctuant des choses ? D'aller vers l'évanescence ? Il fallait un retour à plus de solidité dans le dessin, à plus d'affirmation personnelle dans la composition. Bref, un retour à la vie intérieure, à la pensée. C'est ce que perçut Gauguin à travers l'œuvre de Cézanne, comme dans celle de Degas. Il était devenu assez mûr lui-même pour profiter de leur apport essentiel ; pour saisir également d'emblée

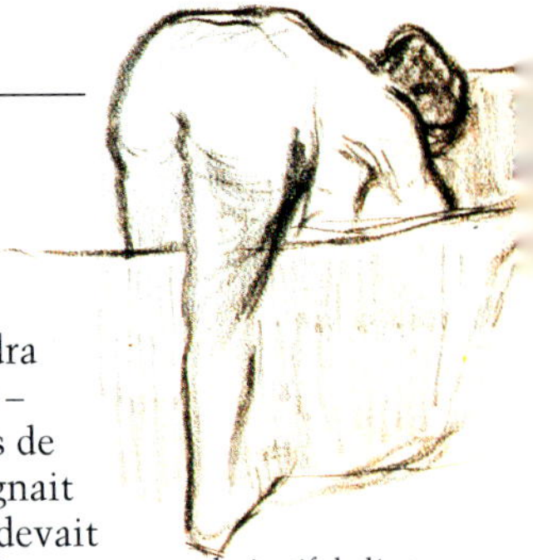

Admiratif de l'art de Degas, Gauguin effectua de nombreux croquis d'après les dessins de ce dernier.

Alors qu'un paysan, de dos, poursuit au loin son travail, quatre jeunes femmes portant le caraco et l'ample jupe de l'endroit font la ronde. Leurs coiffes et leurs collerettes ont surtout intéressé Gauguin dans cette *Danse des quatre Bretonnes* (1886) : autant de formes voisines dont il souligne le rythme.

l'intérêt de toutes les tentatives nouvelles.

Ainsi de l'effort du jeune Georges Seurat, son cadet de quelque dix ans. Seurat venait d'exposer sa *Baignade à Asnières* au premier Salon des indépendants, en 1884, et son *Dimanche après-midi à l'île de la Grande-Jatte*, à cette huitième et dernière exposition des impressionnistes de 1886. Loin de rejeter la division des tons opérée intuitivement par Monet, Sisley, Renoir ou Pissarro, il voulait la pratiquer méthodiquement en s'appuyant sur une étude scientifique de la couleur. Il lisait depuis longtemps tous les traités d'optique, tous les ouvrages théoriques sur le dessin et la couleur, nombreux en cette époque d'avènement de la science, tel celui de Chevreul sur le contraste des couleurs.

Gauguin, on le sait, n'adhéra pas à ce «pointillisme» que Camille Pissarro adoptera un moment. Mais comment n'aurait-il pas été sensible à ce hiératisme des figures, à cette force sereine de la composition – à ce calme immémorial ?

Les premières toiles effectuées en Bretagne

Parmi les œuvres qu'il entreprend lors de ce premier séjour à Pont-Aven figurent encore la *Danse des quatre bretonnes* et la *Nature morte au profil de Laval*. Chacune d'elles marque une différence importante avec ses paysages. Autant ces derniers demeurent dans l'esprit de Pissarro, autant celles-là indiquent, de la part de Gauguin, une nette volonté décorative. Dans la composition même, pour la *Danse des quatre Bretonnes*, dont les croquis préparatoires, au fusain et au pastel, montrent bien qu'il s'agit ici d'un assemblage né pour une bonne part sans doute de son attention aux formes et aux couleurs des costumes régionaux.

Plus de dix ans avant Gauguin, Seurat avait étudié séparément les figures de ses compositions, les avait isolées, avant de les insérer dans son tableau. Ci-dessus, un détail de sa *Baignade à Asnières* (1884), qui comporte à la fois des couleurs mélangées et des teintes pures.

Quant au profil de Laval dans le second tableau, il se détache fermement sur la lumière d'une ouverture, à la droite d'une table chargée de pommes. On pense à Degas pour le visage, peint à contrejour et découpé par le cadre. On songe à Cézanne pour les pommes solidement assises sur le linge blanc. Le plus important, cependant, c'est ce pot au centre, ouvert à la manière des pétales d'une grande fleur. Les formes de cette poterie fabriquée par Gauguin lui-même et sur laquelle Charles Laval porte toute son attention préfigurent d'autres formes aussi étranges.

«Dieu merci, je progresse tous les jours»

Quel contraste entre l'ensemble de ses tableaux et ceux des peintres académiques venus en Bretagne

à la recherche surtout du folklore et des coutumes locales; ces peintres ne réalisent la plupart du temps que des documents aussi précis et bien faits que le sont les récits de certains ethnologues. Gauguin approfondit ici l'esprit de sa peinture tout en se pénétrant du climat spirituel de cette terre à laquelle il s'attache. Songeant au dernier hiver misérable qu'il a passé à Paris, il écrit à Mette, restée au Danemark avec ses enfants : «Maintenant que je suis endurci par l'adversité, je ne pense qu'au travail, à mon art. C'est la seule chose qui ne me trahisse pas. Dieu merci, je progresse tous les jours.»

Il est généralement bien accueilli. On se montre déférent envers cet homme de trente-huit ans, à la «stature puissante». «Il s'habillait comme un pêcheur breton d'un chandail bleu et portait le béret penché avec désinvolture. Il était, d'une certaine mesure, réservé et sûr de lui, taciturne et presque austère,

Gauguin lui-même tenait beaucoup à la poterie (ci-dessous) que contemple son ami

dans la composition intitulée *Nature morte au profil de Laval.* C'est l'une de ses premières céramiques, et on la retrouve également dans un de ses portraits de *La Femme au chignon,* datant de la même époque. «As-tu emporté aussi un pot de ma fabrication? Conserve-le-moi précieusement, j'y tiens, à moins que tu ne trouves à le vendre un bon prix», écrivait-il alors à Mette.

La *Nature morte au profil de Laval* (1886-1887) reste, à bien des égards, énigmatique. Ci-dessus et à droite, l'œuvre entière et trois détails.

bien qu'il sût se détendre et se montrer tout à fait charmant s'il le désirait. La plupart des gens en avaient plutôt peur et les téméraires ne s'avisaient d'aucune liberté avec lui», se souviendra le peintre anglais A. S. Hartrick. Si certains artistes sont choqués par ce que Gauguin laisse voir de ses œuvres, tous néanmoins reconnaissent sa force de persuasion.

«Je travaille beaucoup et avec succès, peut-il écrire à sa femme dans une lettre suivante. On me respecte comme le peintre le plus fort de Pont-Aven.»

Qui a-t-il alors auprès de lui ? Achille Granchi-Taylor, un camarade dont il a fait le portrait l'année précédente ; Ferdinand Loyen du Puigaudeau, qu'il appelle familièrement Picolo, et Charles Laval, jeune élève de l'atelier Bonnat qu'il vient de rencontrer ici et qui le suivra l'an prochain à Panama et à la Martinique. Son ami Emile Schuffenecker, rencontré autrefois chez l'agent de change Bertin dont ils étaient tous deux les employés, réside, lui, à Concarneau tout l'été ; il y a fait la connaissance d'un très jeune artiste, Emile Bernard, venu à pied en Bretagne «toujours peignant, toujours dessinant, pauvre d'argent», et il l'adresse à Gauguin : première rencontre, brève, et sans suite encore...

A la mi-octobre, Paul Gauguin rentre à Paris.

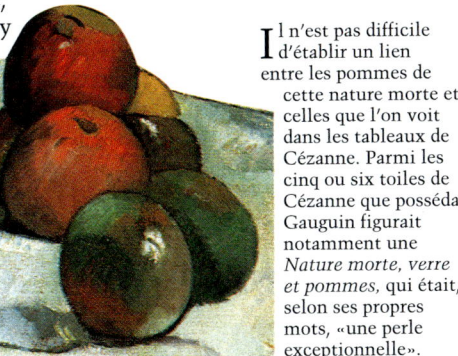

Il n'est pas difficile d'établir un lien entre les pommes de cette nature morte et celles que l'on voit dans les tableaux de Cézanne. Parmi les cinq ou six toiles de Cézanne que posséda Gauguin figurait notamment une *Nature morte, verre et pommes,* qui était, selon ses propres mots, «une perle exceptionnelle».

«Voir sortir du four tous les petits produits de mes hautes folies»

Sitôt revenu dans la capitale, Gauguin s'adonne presque exclusivement et avec passion à la céramique, encouragé par Félix Bracquemond, son ami graveur proche de Degas, et par Ernest Chaplet, le remarquable céramiste qui met à sa disposition son four et son atelier.

Où prend-il ses premiers sujets ? Il tire de ses cartons et de ses carnets tous ces dessins de petites Bretonnes, assises, ou vues de dos, de face, de profil, ou encore debout les bras levés qu'il a si attentivement regardées à Pont-Aven. Il en fait le décor humain, animé d'oies ou de moutons, de ses vases aux formes étranges. Il reprend pour des jardinières le motif de la petite bergère assise sur un muret ou celui des quatre Bretonnes dansant qu'il vient de peindre. Tous ces dessins au fusain, au pastel, aux crayons de couleur lui sont un répertoire de thèmes rustiques et rappellent son séjour en Cornouaille.

Gauguin remplissait des carnets entiers de personnages saisis sur le vif. Le petit paysan de gauche se partageait ainsi la page avec un garçonnet paraissant se moucher.

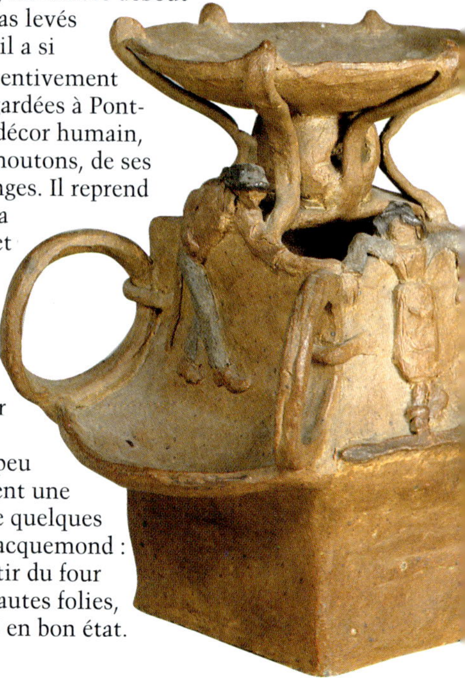

Ses céramiques perdent peu à peu leur caractère utilitaire, et revêtent une dignité de sculptures. Au bout de quelques mois il peut écrire au graveur Bracquemond : «Si vous êtes curieux de voir sortir du four tous les petits produits de mes hautes folies, c'est prêt. Cinquante-cinq pièces en bon état.

Vous allez jeter les grands cris devant ces monstruosités, mais je suis convaincu que cela vous intéressera.» Là s'affirme le mieux, au début, sa personnalité dans ce qu'elle offre de rude et de véhément; dans ce qui en elle s'accorde à ce primitivisme qui le hantera toujours, et le rapproche des tailleurs de pierre sans âge de la Bretagne.

La jardinière, le vase à quatre anses et le pot en céramique reprennent pour décor des sujets déjà traités en peinture : la *Bergère bretonne* pour la jardinière et deux des personnages de la *Danse des quatre Bretonnes* sur le vase ci-dessous.

Vincent Van Gogh à Paris

A la fin du mois de février 1886 était arrivé à Paris, venant de sa Hollande natale, Vincent Van Gogh. Bien qu'âgé de trente-trois ans il s'inscrivit à l'atelier Cormon, pour différentes raisons matérielles : manque de place pour travailler dans l'appartement de son frère Théo, le défenseur et l'ami des impressionnistes; manque d'argent pour faire poser un modèle. Il voulait aussi, fermement et humblement, se perfectionner en dessin.

Il ne resta guère longtemps chez Cormon, mais y fit connaissance de l'Australien John Russell qui devait le présenter à l'Anglais Hartrick lorsque ce dernier revint de Pont-Aven, et se lia avec Toulouse-Lautrec et Louis Anquetin. Par Théo, il allait connaître Camille Pissarro et Gauguin. Dans le petit magasin du père Tanguy, brave marchand (natif de Plédran dans les Côtes-du-Nord) qui aidait les artistes et leur vendait à crédit les couleurs qu'il broyait lui-même, il retrouva Emile Bernard et découvrit l'œuvre de Paul Cézanne.

A la dernière exposition des impressionnistes, en mai, Gauguin avait montré de nombreux paysages, quelques figures, et un bas-relief en bois; Van Gogh admira son art. Séduit dès leur rencontre, en novembre, il éprouve pour lui une vive amitié.

Exécuté au tour par Ernest Chaplet, ce vase de grès a été décoré de scènes bretonnes par Gauguin, qui a incisé ses motifs sur un engobe blanc central, y ajoutant des rehauts d'or. Il fut exposé au salon de la Libre Esthétique à Bruxelles en 1896, et acquis alors par les Musées royaux.

Mais Gauguin à ce moment-là veut «fuir Paris qui est un désert pour l'homme pauvre». Ancien marin, il connaît «à une lieue en mer de Panama une petite île, Taboga, dans le Pacifique. Elle est presque inhabitée, libre et très fertile»... Un rêve vite détruit : parti en avril 1887 avec Charles Laval, obligé pour vivre de se faire embaucher au chantier de percement du canal, il choisit finalement la Martinique, d'où il revient malade et sans argent à la mi-novembre. Emile Schuffenecker l'accueille alors chez lui et lui fait connaître le peintre Daniel de Monfreid.

Emile Bernard et Louis Anquetin : le cloisonnisme

Gauguin et Charles Laval se trouvant à la Martinique, le très jeune Emile Bernard – il avait juste dix-neuf ans en cette année 1887 –, étonnamment doué et mûr pour son âge, avait travaillé avec Louis Anquetin, son camarade de l'atelier Cormon. Ensemble ils mettaient au point cette technique qui allait consister non plus à fragmenter, à diviser les couleurs, mais à les étaler en francs à-plats comme dans les crépons japonais, puis à les enserrer, à les «cloisonner» de traits sombres comme cela se fait pour les vitraux et pour les émaux.

Emile Bernard s'était rendu souvent le long des berges de la Seine avec Van Gogh. Rien de plus instructif que de comparer ces *Ponts d'Asnières* peints respectivement par l'un et par l'autre. Van Gogh est resté fidèle, à sa manière tourmentée, aux zébrures et aux hachures des impressionnistes qu'il vient de découvrir. Bernard, lui, a peint déjà en couleurs unies, cernées d'un trait foncé. Hormis le vert du sol, les couleurs ne sont plus inscrites en touches séparées, mais bien étalées. Ainsi apparaît une avancée vers la simplification, dans une idée de synthèse tout à fait opposée aux analyses impressionnistes.

En Bretagne, à Saint-Briac où il était retourné, Bernard avait décoré l'intérieur de l'auberge qui l'accueillait, imitant notamment des vitraux sur les fenêtres. De trois ans seulement son aîné, un écrivain et critique proche des symbolistes, Albert Aurier, qui séjournait non loin de là à Saint-Enogat, allait bientôt remarquer ces décorations, et se lier avec lui.

Premier retour à Pont-Aven

Théo Van Gogh lui ayant acheté trois toiles en janvier 1888, Gauguin veut se remettre à la peinture et décide à la fin du mois de retourner en Bretagne. «Je dois faire encore un effort suprême pour ma peinture», écrit-il à sa femme. Puis, dans

Le thème du chemin de fer a été traité par tous les impressionnistes, à commencer par Camille Pissarro. Claude Monet, lui, avait peint en 1874 le *Pont du chemin de fer à Argenteuil*, avant d'entreprendre ses vues de la gare Saint-Lazare. Rien d'étonnant donc à ce que Van Gogh et Emile Bernard aient choisi également ce motif très moderne.

Emile Bernard s'était fait construire un petit atelier dans le jardin de ses parents, à Asnières. Van Gogh venait souvent l'y rejoindre. Tous deux peignirent *Les Ponts d'Asnières*. Mais tandis que la touche de Van Gogh reste fidèle à l'impressionnisme (ci-contre), dans le tableau de Bernard (ci-dessous), les quais en diagonale où s'avance un couple vu en ombres chinoises, les deux ponts, la barque retournée comme un grand chapeau d'été ont des formes marquées.

une lettre suivante : «Il me faut travailler sept, huit mois à la file, pénétré du caractère des gens et du pays, chose essentielle pour faire de la bonne peinture.» C'est une approche nouvelle, stimulée par ce qu'il vient de ressentir

aux Antilles. Retrouver l'âme originelle d'un pays encore teinté d'archaïsme favorisait en lui le retour à ses propres sources, à ce qu'il y avait en lui de «sauvage» et de «primitif».

La terre bretonne s'accorde à son tempérament. La lande, les vallées profondes où courent les rivières; les chemins cachés et les haies du bocage; les vieilles demeures grises blotties au creux des collines et les châteaux au bout des charmilles composent un paysage étrange et fascinant. De vifs éclats de lumière scintillent au loin entre les hêtres, les frênes et les chênes des forêts sombres. Les arbres, sur les hauteurs, agités par les vents, dessinent dans le ciel

Comme les impressionnistes, Gauguin effectua de nombreux éventails. Leur forme en élégant demi-cercle s'alliait particulièrement bien à sa préoccupation décorative. Dans cette *Nature morte à l'éventail* (1889), il introduit à nouveau l'une de ses céramiques – intitulée *Le Rat à cornes* – sur la droite de la composition.

des formes tourmentées. A l'humidité de l'air comme à une certaine qualité de la lumière, on devine la présence infinie de la mer où s'avancent des rochers fantastiques.

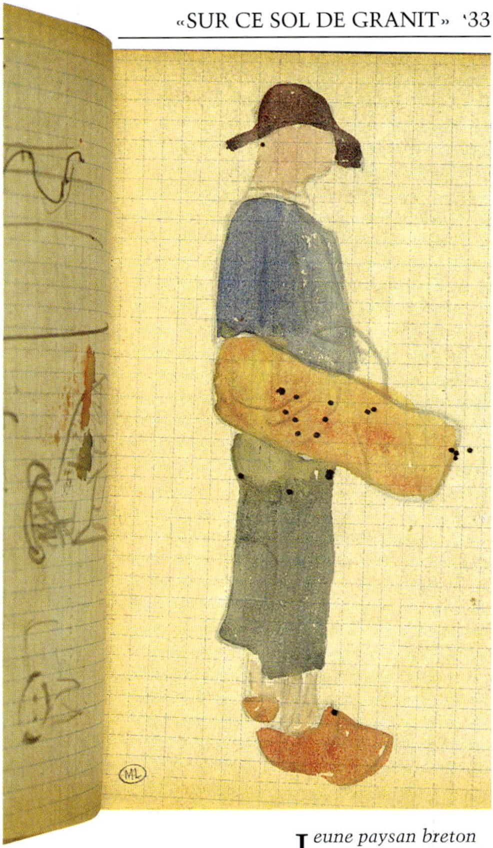

«J'aime la Bretagne. Quand mes sabots résonnent sur ce sol de granit, j'entends le ton sourd, mat et puissant que je cherche en peinture»

Un pays, sans doute, ne peut suffire à l'éclosion d'un art. Mais la rencontre d'une pensée avide de renouveau d'expression avec une terre à la spiritualité profonde peut être singulièrement bénéfique. Ce que Gauguin retrouve ici, c'est ce climat spirituel qui s'unit merveilleusement à son désir d'une peinture à la fois simple et intérieure. Les calvaires de pierre et les statues de bois naïvement sculptés s'allient dans son esprit à ces formes immémoriales qui le hantent.

Jeune paysan breton au panier (ci-dessus). Comme dans tous les carnets d'artistes, les notations, parfois soulignées de couleurs, sont brèves, rapides, et par là pleines de vie et de fraîcheur.

Deux hôtels de Pont-Aven accueillaient les artistes à la fin du XIXe siècle : celui de Julia Guillou, pour les plus fortunés, et la pension Gloanec, aux tarifs plus modestes.

Sous le ciel de Pont-Aven va commencer un dialogue prodigieux entre Gauguin, le peintre insurgé de quarante ans, et cet artiste passionné de vingt ans, Emile Bernard. Puis viendra le tour d'un autre jeune peintre, élève de l'académie Julian : Paul Sérusier. Après une merveilleuse «conversation épistolaire», Gauguin va, un temps, retrouver Vincent Van Gogh en Arles.

CHAPITRE II

LES GRANDES RENCONTRES

Emile Bernard compris très tôt l'importance de Cézanne et la transformation qu'apportait ce dernier dans l'art de peindre. Son paysage des environs de Nizon, dominé par les ruines du château de Rustéphan, est traité en plans simplifiés délimités par des lignes vigoureuses. A droite, une *Paysanne* de Schuffenecker avance dans cette solitude si souvent remarquée et transcrite par les peintres.

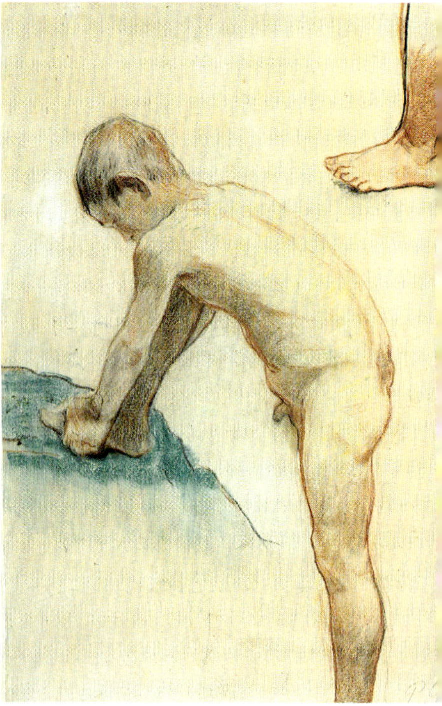

Arrivé à la fin de janvier à Pont-Aven, Paul Gauguin y vit d'abord seul. Et sans doute dans cette solitude songe-t-il à sa femme et à ses enfants. N'avait-il pas écrit à Mette au début de son premier séjour ici, en juin 1886, en se souvenant de leur triste séjour désargenté à Rouen : «Quel dommage que nous ne nous soyons pas installés en Bretagne autrefois. Une famille y vivrait très heureuse.»

Regard de l'Indien sur la Bretagne

Voici les nouveaux paysages de Pont-Aven. C'est la fin prochaine de l'hiver. Les arbres sont dénudés. Les chemins et les terres au loin ont une teinte rousse qui s'accorde avec le violet léger des ardoises sur les toits, et le vert qui renaît ici et là dans les champs. Puis, à mesure que la saison avance, la nature est redevenue verdoyante. Le rouge d'un arbre qui brûle parmi les verdures, ce violet ou ce mauve cernés d'orangé, un nuage blanc au-dessus des collines doucement arrondies sur le ciel et toutes les demi-teintes phosphorescentes confèrent à tel paysage une allure légendaire; dans ces ondulations à la fois tourmentées et exubérantes plane aussi comme un souvenir du pays martiniquais.

Ce beau dessin à la sanguine, au pastel et au fusain est une étude pour le tableau des *Jeunes Baigneurs bretons* (1888).

La touche est encore impressionniste à la manière de Pissarro, mais elle tend à s'élargir et à se diversifier. La composition de ses tableaux va devenir également différente et s'inspirer des estampes du Japon, notamment dans toute une série de nus de jeunes Bretons se séchant après le bain ou luttant au bord de l'Aven. «Je viens de faire quelques nus dont vous serez content, écrit-il à Schuffenecker. Et ce n'est pas du tout du Degas. Le dernier est une lutte de deux gamins près de la rivière – tout à fait japonais par

un sauvage du Pérou – très peu exécuté, pelouse verte et le haut blanc.» Ce vert est à remarquer: il occupe presque toute la surface du tableau.

«La bande augmente»

Le fidèle Charles Laval l'avait bientôt rejoint. Dès les mois d'été sont arrivés Ernest Ponthier de Chamaillard, Emile Jourdan, Henry Moret. Emile Jourdan a raconté ainsi son arrivée : «C'est par une belle soirée que la diligence de Quimperlé m'a amené dans ce joli pays que je n'ai guère quitté depuis. Je me présentai (à la pension Gloanec), Gauguin me salua froidement, voyant en moi un «salonneux»! Puis, sans s'occuper de moi, il continua ses travaux. Il sculptait un bois placé près de la cheminée. Je dois dire que quelques jours après nous étions de bons amis et nous sommes restés en excellents termes jusqu'à son départ du pays.» Agé de vingt-huit ans, Jourdan avait été élève des Beaux-Arts.

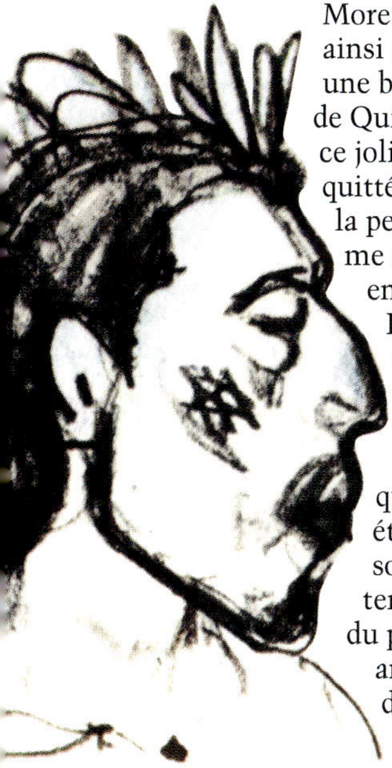

Gauguin tenait particulièrement à ces *Enfants luttant* (1888), qu'il allait montrer au Salon des XX, à Bruxelles, et à l'exposition du café Volpini en 1889. Le tableau fut acquis par Alfred Natanson, frère du directeur de *La Revue blanche*, et devint par la suite la propriété d'Ambroise Vollard.

Gauguin avait du sang péruvien dans les veines. Sa grand-mère maternelle, Flora Tristan – la célèbre militante féministe – était la fille naturelle d'un Tristan de Moscoso. Il avait vécu lui-même au Pérou pendant cinq ans de sa petite enfance.

Chamaillard, qui avait vingt-six ans, était avocat ; sa vocation de peintre était toute récente et il venait de se joindre aux peintres académiques du lieu. Il a fait à André Salmon le récit de sa rencontre avec Gauguin : « Je me trouvais, par hasard, un jour de juin 1888, à une vente publique au château du Hénan, près de Pont-Aven, lorsque je le remarquais dans la foule des paysannes élégantes. [...] Il s'exprimait simplement, mais avec autorité, développant ses

théories artistiques.
Il parlait de ces choses avec un tel cœur que je me sentis acquis à ce bel artiste. Je lui confessais que, depuis une quinzaine de jours, j'étais attiré vers la peinture, bref que je venais d'essuyer mes premiers pinceaux sur de petites toiles. Il n'en fallut pas davantage pour faire de nous de bons amis.» Gauguin le prend sous son aile et peut écrire deux mois plus tard à Schuffenecker : «J'ai commencé un élève qui marchera ; la bande augmente.»

Quant à Henry Moret, le plus âgé (il a trente-deux ans), il avait travaillé au Pouldu, après ses études aux Beaux-Arts dans l'atelier de Lehman, alternant les séjours parisiens et bretons. D'un caractère indépendant, installé chez le maître du port Kerluen et non à la pension Gloanec, il se lie vite néanmoins à tout le groupe des «impressionnistes».

Les habitants de Pont-Aven s'étaient vite habitués à la présence des artistes dans leur contrée. Nombre de photographies les représentent, posant devant les différents hôtels qui les recevaient. Et jusque dans la cuisine où certains, tel Charles Gœneutte, ne craignaient pas de s'initier à la friture. Le panneau peint qui dominait l'entrée de la pension Gloanec atteste encore leurs séances de travail au bord de l'eau.

Le petit Bernard

Enfin, en août, arrive Emile Bernard; il revient d'un nouveau séjour à Saint-Briac, de plus en plus épris de la Bretagne. «Ce cher pays nous servit à souhait en nous offrant des spectacles poétiques que nous n'avions point rencontrés ailleurs. Le surnaturel surgissait à chaque pas, porté par l'autrefois; et les tours en ruine, les dolmens et les forêts étaient autant d'appels à l'âme mystique qu'il sentait fermenter sourdement en lui», écrira-t-il à son propre sujet.

Sous le ciel de Pont-Aven commence un dialogue prodigieux entre le peintre insurgé de quarante ans et l'artiste passionné de vingt ans, plein de culture et d'idées, tout rempli aussi de ferveur religieuse, et que Vincent Van Gogh lui recommande. Van Gogh a senti dans la peinture de Bernard «un je ne sais quoi de fixe et de ferme et de sûr de soi», qu'il s'agisse de ses paysages ou de ses natures mortes; ayant beaucoup admiré aussi le portrait qu'Emile Bernard a fait de sa grand-mère, il le lui avait immédiatement échangé contre l'une de ses figures, un *Portrait de femme* peint à Anvers. Gauguin à son tour prend conscience de ses dons et de son audace et l'écrit rapidement au fidèle Schuffenecker : «Le petit Bernard est ici et a rapporté de Saint-Briac des choses intéressantes. En voilà un qui ne redoute rien.»

Evoquant la précocité d'Emile Bernard et le rôle qu'il joua auprès de Gauguin, Jan Verkade, le peintre hollandais qui séjourna à Pont-Aven en 1891 et 1892, pourra écrire qu'à ce moment-là «l'un était pour l'autre élève et maître».

Echapper à l'emprise impressionniste

Ils avaient bien tous deux la même idée d'une peinture qui ne fût pas soumise à la seule observation de la nature. Il fallait voir plus loin, éviter de se perdre dans la contemplation des reflets. Ils connaissaient la réponse de Seurat, cette division non plus instinctive mais «scientifique» des tons; cela leur semblait devoir être une impasse. Ils voulaient une technique plus directe. Mais Gauguin, formé à l'école de Pissarro, ayant côtoyé

pendant plus de dix ans les impressionnistes, avait plus de mal à échapper à leur emprise que Bernard, tout jeune débutant, lui, au moment où Renoir, Sisley, Monet, après avoir déjà salué les simplifications magistrales d'Edouard Manet, enviaient tous la rigueur de Cézanne.

Ils s'appuient sur l'exemple de leurs tableaux. Là où Gauguin n'est encore allé qu'avec une certaine prudence vers l'étalement en à-plats des couleurs et vers l'enserrement des formes, Emile Bernard

Dès 1887, durant l'été qu'il passa à Saint-Briac, Emile Bernard (ci-dessus) effectua toute une série d'études de têtes au crayon, parfois rehaussées d'aquarelle. Autant de figures vues de face, de dos ou de profil – prétexte aussi à décrire la majesté des coiffes des jeunes Bretonnes. Ce qui frappe particulièrement dans l'ensemble de ces dessins, c'est leur caractère d'abréviation et de raccourci, à travers la force du trait.

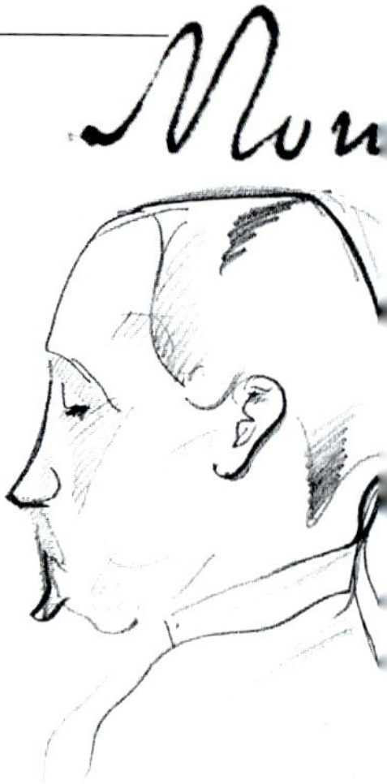

est parvenu déjà à des œuvres presque entièrement basées sur cette technique. Il faut se souvenir de ses *Ponts d'Asnières* et regarder des petites études comme la *Place de Bretagne* ou encore *La Gardeuse d'oies* de la même année 1887. Face à l'improvisation, au rendu instinctif de l'«impression», voici mis en œuvre par «d'autres pratiques» que la division scientifique des tons ce que le jeune critique Félix Fénéon, proche de Seurat, appellera «un art de synthèse et de préméditation».

«Vêtir l'idée d'une forme sensible»

Ce n'est plus tant le spectacle que l'on a sous les yeux qu'il s'agit de peindre, c'est l'idée que l'on en garde dans l'esprit. «Il faut vêtir l'idée d'une forme sensible», avait proclamé de son côté le poète Jean Moréas dans le *Manifeste du Symbolisme* paru en septembre 1886 dans le supplément littéraire du *Figaro*. Et, prônant le rôle de la mémoire mais également celui de l'imagination, il rappelait l'importance de Charles Baudelaire, «véritable précurseur du présent mouvement». Baudelaire, que connaissaient

C'est durant son séjour à Saint-Briac en 1887 qu'Emile Bernard peignit *La Gardeuse d'oies* (page de gauche). Ce petit tableau offre un exemple remarquable de sa volonté de simplification. Dans sa *Gardeuse d'oies* dessinée (ci-contre), Bernard s'avère aussi simplificateur et concis dans le trait qu'il l'est dans la couleur.

parfaitement Gauguin et Bernard, n'avait-il pas parlé dans *Le Peintre de la vie moderne* d'un art «synthétique et abréviateur» ? L'art ne doit pas être une imitation; on ne doit prendre de la nature que ce qui est nécessaire pour le tableau. Tel est l'un des sujets du dialogue entre les deux artistes. Et Gauguin en tire une sorte de conclusion dans une nouvelle lettre à Schuffenecker où l'on retrouve autant sa pensée que la ferveur d'Emile Bernard : «Un conseil : ne peignez pas trop d'après nature. L'art est une abstraction, tirez-la de la

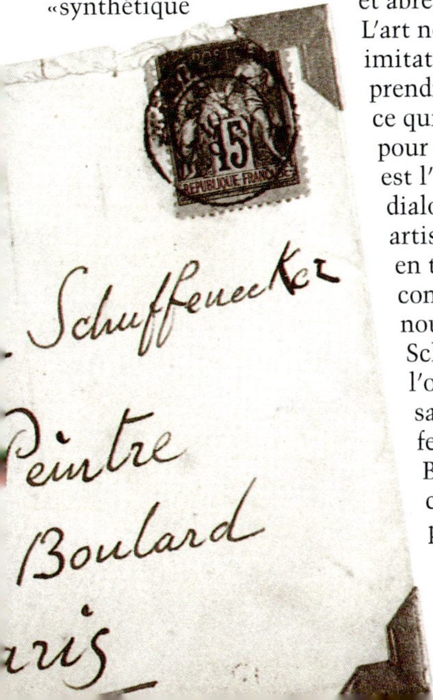

Emile Schuffenecker avait rencontré Emile Bernard à Concarneau, durant l'été 1886. Ils furent dès lors très liés. Témoignent de cette amitié les portraits peints ou dessinés de Schuffenecker (croquis en haut, au centre) et celui de sa femme que fit Bernard. Et ceux que fit Schuffenecker de Bernard et de sa mère. En 1896, c'est Bernard encore qui fit le portrait de Schuffenecker pour la revue *Les Hommes d'aujourd'hui*. Gauguin, qui entretint avec lui une correspondance nourrie, l'appelait affectueusement «mon cher Schuff».

nature en rêvant dessus et pensez plus à la création qui en résultera, c'est le seul moyen de monter vers Dieu en faisant comme notre Divin maître : créer.»

Ils travaillent intensément. «Gauguin dit beaucoup de bien du travail de Bernard, et Bernard dit beaucoup de bien du travail de Gauguin», écrit Vincent Van Gogh à Théo. Van Gogh est en Arles. Mais sa pensée est à Pont-Aven, comme la pensée de Gauguin et celle de Bernard sont à Arles grâce à un merveilleux échange de lettres qu'Emile Bernard appellera «une conversation épistolaire».

Trois petits chiens, un petit chat

Gauguin peint *La Fête Gloanec*, *Les Trois Petits Chiens*, puis, tout aussi surprenant d'esprit, *Le Petit Chat aux trois pommes.*

Que Gauguin ait offert cette nature morte à Marie-Jeanne Gloanec pour sa fête prouve l'atmosphère de familiarité qui régnait dans son auberge. Il la

Elle se promenait sur la terre/envoyée du cie

signa Madeleine B., comme si la charmante sœur d'Emile Bernard (ci-contre) en avait été l'auteur.

L'attitude d'un chaton vu de dos, en surplomb, a été montrée plusieurs fois par Gauguin. Il s'est amusé ici (page de droite) à accuser la disproportion entre le petit chat et les trois grosses pommes.

La Fête Gloanec est en réalité une nature morte offerte à Marie-Jeanne Gloanec pour sa fête. La table vue en surplomb est chargée à gauche de fleurs et de fruits, à droite d'un gâteau breton et d'encore quelques fruits. L'arrondi noir de cette table entièrement peinte d'un rouge orangé souligne la composition si imprévue de cette toile, que le peintre a signée «Madeleine B.» – du nom de Madeleine Bernard, sœur d'Emile qu'elle accompagnait en Bretagne – pour la faire plus aisément accepter.

Les Trois Petits Chiens est une huile sur panneau, au moins aussi étonnante. En rangs superposés : les trois petits chiens, puis trois gobelets devant chacun desquels est posée une petite pomme ronde; en dessous encore, à droite, une nature morte de fruits. A l'exception de ces fruits, les tons sont presque unis et fermement cernés; pas d'ombres, ou presque. On dirait une lumière

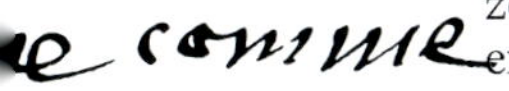

zénithale. Il existe dans ce sujet comme dans son interprétation rythmique une volonté de naïveté que Françoise Cachin a joliment résumée en évoquant «une comptine».

Le *Petit Chat aux trois pommes* – un petit chat s'approche craintivement de trois gros fruits – procède de la même inspiration, et préfigure singulièrement l'art et les traits d'humour de certains des futurs nabis. Il rappelle, par sa composition, le tableau *Conversation Tropiques*, peint à la Martinique en 1887.

Les «Bretonnes dans la prairie» d'Emile Bernard : une surface uniformément verte... et un manifeste

Emile Bernard peint notamment des *Bretonnes au goémon* et une *Moisson*. Ces tableaux confirment qu'il est parvenu à un art tout de «synthèse» et

Les maisons accolées et le paysage de *La Fenaison* (1888, à droite) ont été peints plusieurs fois par Gauguin, qui en fit le fond de *La Ronde des petites Bretonnes*.

d'«abréviation». Il a écrit au sujet de *La Moisson* : «En 1888, je peignis un tableau pour qu'il fût mis dans les cadres de la salle à manger de la pension Gloanec, cadres où les artistes en séjour avaient l'habitude de laisser un souvenir de leur passage. J'avais représenté la moisson d'un champ de blé entouré d'arbres, faite par deux hommes et deux femmes. Par sa nouveauté, par son caractère simplement entier, ce panneau jeta la discorde parmi les cinquante pensionnaires et on pria Mme Gloanec de le retirer, ce qui fut fait après qu'on eût lancé sur lui force boulettes de pain et collé des bouts de papier avec des noms connus. Gauguin me demanda le panneau et m'offrit une toile en échange.»

Ramassage du goémon, moisson ou fenaison, les peintres de Pont-Aven s'intéressent à toutes les activités paysannes. Si Gauguin reste encore proche de la nature, Bernard transforme en formes hiératiques les attitudes ou les mouvements de tous ceux qu'il observe, dans l'attente ou dans le travail. Couleurs et trait vigoureux se fondent dans ce «caractère simplement entier» qui donne à *La Moisson* (1888, page de gauche) sa force surprenante.

Ce «caractère simplement entier» est plus frappant encore lorsque l'on voit surgir ses *Bretonnes dans la prairie verte*. Pas de ciel, ici; pas la moindre ouverture qui permette une échappée au loin. Mais une surface presque uniformément verte sur laquelle se découpent les figures; un espace où les plans ne sont plus suggérés que par des disproportions de taille entre les personnages circonscrits fermement dans leur attitude. Peu de couleurs, mais solidement cernées d'un trait foncé. «En travaillant de mémoire, dira Bernard, j'avais l'avantage d'abolir l'inutile complication des formes et des tons. Il restait un schéma du spectacle regardé. Toutes les lignes revenaient à leur architecture géométrique, tous les tons aux couleurs types de la palette prismatique.»

Vert prairie

Si Gauguin avait été subjugué par *Les Bretonnes dans la prairie verte* d'Emile Bernard, au point de vouloir posséder ce tableau et de l'emporter avec lui en Arles, Van Gogh admira tout autant cette toile : il la copiera, et félicitera encore Bernard pour «une si belle ordonnance, une couleur si naïvement distinguée». Le tableau fut acquis, plus tard, par Maurice Denis, qui fit de Bernard cet éloge: «Nul n'a été autant que lui en réaction contre l'impressionnisme. Il avait, dès ses débuts, le sens de la composition, et il a toujours su bien remplir sa surface. Son dessin est resté ce qu'il était: décoratif, inventé, stylisé.»

La couleur exaltée

Le *Blé noir* (1888) d'Emile Bernard est le contre-point, en rouge, *des Bretonnes dans la prairie verte*. La composition en est très semblable. Premier plan marqué par un visage agrandi, arrêté aux épaules. Deuxième plan, au centre, avec les paysans mettant le blé en gerbes. Troisième plan, les faneuses accroupies. La perspective n'étant suggérée que par cette différence de taille entre les personnages vigoureusement enserrés dans leurs attitudes. Exalter la couleur, simplifier la forme : les deux principes se rejoignent dans cette toile où lignes et tons se font valoir avec une grande habileté. Il faut remarquer le jaune uni des chapeaux de paille à l'arrière-plan : c'est la tache qui exalte l'ensemble des rouges et des orangés.

«La Vision après le sermon» de Gauguin : un immense poème

Gauguin, subjugué par cette toile qu'il échangera également contre l'une des siennes, peint *La Vision après le sermon* ou *La Lutte de Jacob avec l'ange*.

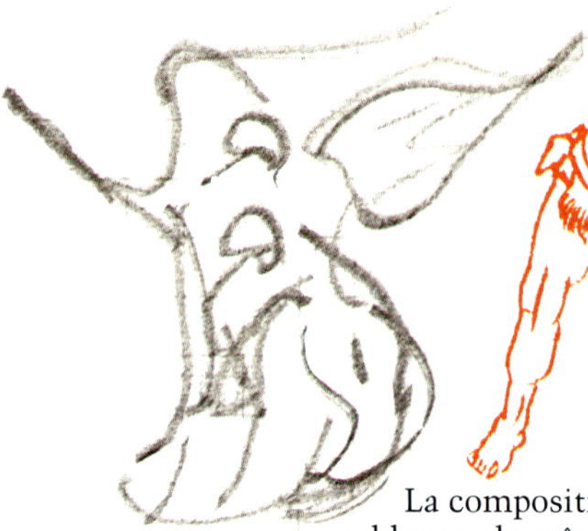

La composition de ce tableau – de mêmes dimensions que celui de Bernard – lui confère un caractère monumental. Un arbre en diagonale partage la scène en deux. D'un côté, en bas, les femmes vues de dos

qui écoutent le sermon, et la frise décorative de leurs grandes coiffes blanches; de l'autre, en haut, tout petits, les deux lutteurs. «Pour moi, dans ce tableau, écrit Gauguin à Van Gogh, le paysage et la lutte n'existent que dans l'imagination des gens en prière, par suite du sermon. C'est pourquoi il y a contraste

Certains motifs des gravures d'Hokusaï (ci-dessous) ont inspiré Gauguin dans la disposition de son tableau *La Vision après le sermon* (1888) et dans l'attitude des lutteurs. Mais les tailles si différentes des figures, allant jusqu'aux disproportions volontaires, montrent bien une parenté avec *Les Bretonnes dans la prairie* de Bernard. L'essentiel, cependant, est le rôle primordial de l'imagination, symbolisé par le rouge totalement arbitraire de ce qu'Albert Aurier appelait cette «fabuleuse colline».

❝Gauguin était content de son œuvre et se réjouissait du bon accord qu'elle allait faire avec les saints de bois pittoresques [...]. M. le curé de Nizon trouvait que ses paroissiens ne comprendraient pas cette œuvre. Sans doute il se méfiait de quelque farce; car, à Pont-Aven, les artistes étaient connus pour ne point s'en priver.❞

Emile Bernard

entre les gens nature et la lutte dans son paysage, non-nature et disproportionnée. » L'imagination de ces femmes en prière, c'est d'abord celle du peintre. Et le rouge intense de cette prairie brûle comme un feu.

Rôle désormais primordial de la mémoire et de l'imagination. Compositions décentrées. Couleurs puissantes et arbitraires. Contours affirmés, et lignes décoratives : tout dans ces deux tableaux marque la rupture avec le réalisme des impressionnistes et scelle l'avènement d'une nouvelle pensée en peinture. Mais si les *Bretonnes* d'Emile Bernard constituent un manifeste éclatant du synthétisme et du cloisonnisme, la *Vision* de Gauguin est un immense poème.

Procession au moment d'un pardon dans le Finistère.

Madeleine Bernard au Bois d'Amour

Le Blé noir d'Emile Bernard, de mêmes dimensions que ses *Bretonnes dans la prairie verte* est un peu sur un fond orangé la version ouvrière de ce dimanche à la campagne sur un fond vert ; serait-ce le vermillon pur de *La Vision après le sermon* qui l'aurait à son tour inspiré ? Gauguin et lui travaillent en communion

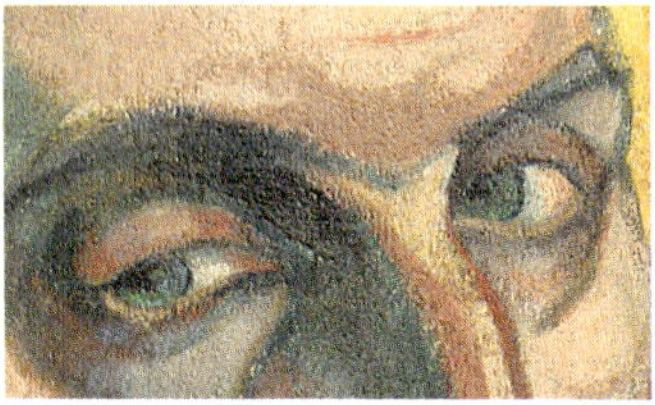

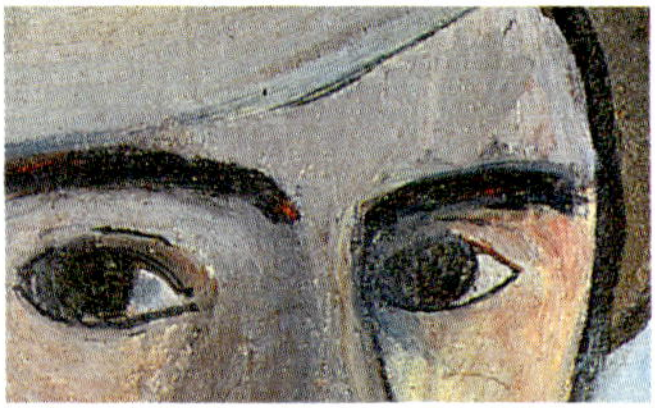

d'esprit. Tous deux effectuent un *Portrait de Madeleine Bernard* de grand caractère mais très différents l'un de l'autre : «Tandis que je la peignais au Bois d'Amour dans l'attitude allongée d'une gisante, Gauguin peignit un

portrait non ressemblant, mais très intéressant quant au style.»

Van Gogh, qui se sent bien seul à Arles, leur a demandé de faire mutuellement leurs portraits et de les lui envoyer en échange de l'un des siens. Trop impressionné par Gauguin, Bernard ne peut le peindre ; et Gauguin, de son côté, «ne possède pas encore le petit Bernard». Ainsi chacun lui adresse-t-il son propre portrait, enrichi d'une effigie de l'autre. Le portrait de Bernard paraît à Van Gogh «chic comme un vrai, vrai Manet». Celui de Gauguin lui fait l'effet de «représenter un prisonnier» : «Il a vécu à bon marché, mais il en est devenu malade à ne pouvoir distinguer un ton gai d'un ton triste.» Il est vrai que Gauguin avait voulu se comparer à «ce Jean Valjean que la société opprime». Charles Laval lui envoie également le sien ; et Van Gogh le commente aussitôt : «Le portrait de Laval est très crâne, très distingué, et sera justement un des tableaux dont tu parles, qu'on aura pris avant que les autres n'eussent reconnu leur talent, écrit-il à Théo. La maison va me sembler plus habitée maintenant que j'y verrai les portraits»...

La maison de Van Gogh en Arles est habitée maintenant par trois regards : ceux de Paul Gauguin, d'Emile Bernard et de Charles Laval, qui lui ont adressé chacun leur autoportrait. Celui de Gauguin, surtout, le hante. Van Gogh le trouve «remarquable», mais il confie à son frère Théo : «Cela me fait décidément avant tout l'effet de représenter un prisonnier. […] Ce que le portrait de Gauguin me dit surtout, c'est qu'il ne doit pas continuer comme cela, qu'il doit redevenir le Gauguin plus riche des négresses.»

Un paysage du Bois d'Amour va devenir «Le Talisman»

Un autre élève de l'académie Julian passait en cet été 1888 ses vacances à Concarneau. Arrivé en septembre à Pont-Aven, il s'était installé lui aussi à la pension Gloanec et, ayant déjà exposé au Salon un *Atelier de*

tisserand, il prit naturellement place auprès des peintres «sérieux», les «révolutionnaires», eux, demeurant autour de Gauguin...

Il se nomme Paul Sérusier, a vingt-cinq ans; et au bout de quelques semaines, souhaite beaucoup le rencontrer. Emile Bernard les présente l'un à l'autre, au début d'octobre. Et cette rencontre sera aussi décisive que celle de Bernard et de Gauguin. Mais si la flamme, la première fois, venait de jaillir d'un échange égal, la lumière cette fois-ci naît d'une leçon qui prendra valeur d'exemple. C'est en effet «sous la direction de Gauguin», comme il le rapportera lui-même, que Paul Sérusier peint au Bois d'Amour un paysage aux formes schématisées, aux teintes pures, sans modelé, petit tableau qui résume à lui seul les idées et les découvertes récentes et qui, montré dès la rentrée à quelques amis privilégiés de Paris, va devenir leur «talisman».

Le 21 octobre, Gauguin part pour Arles, où Vincent Van Gogh qui a préparé sa chambre l'attend

Au dos de son petit *Paysage du Bois d'Amour*, l'artiste a écrit de sa main : «Fait en octobre 88 sous la direction de Gauguin, par Paul Sérusier à Pont-Aven.»

impatiemment, et vient encore de le lui écrire : «Enfin, je crois qu'une fois ici vous allez comme moi être pris d'une rage de peindre, dans les intervalles du mistral, les effets d'automne, et que vous comprendrez que j'ai insisté pour que vous veniez maintenant qu'il y a de bien beaux jours.»

«La Bretagne, j'y suis né de l'esprit», disait Paul Sérusier, qui, de toute sa stature, ressemble ici à quelque barde breton.

Un atelier du Midi

Les tournesols apparaissaient déjà à Gauguin comme les fleurs emblématiques de Van Gogh : rien d'étonnant à ce qu'il l'ait représenté en train de les peindre. Ci-dessus *Van Gogh peignant des tournesols*, peint par Gauguin en Arles à la fin de 1888. Quant à Van Gogh, il commenta ainsi son portrait dans une lettre à Théo : «C'est bien moi, extrêmement fatigué, et chargé d'électricité, comme j'étais alors.»

Van Gogh attendait Gauguin depuis longtemps; arrivé en Arles, lui, le 21 février 1888, peu de temps après que Gauguin fût revenu à Pont-Aven, il songeait déjà trois semaines plus tard à le faire venir dans le Midi, et même à y convier d'autres artistes, comme il l'écrivait à Théo : «Je souhaiterais pour bien des raisons fonder un pied-à-terre qui, en cas d'éreintement, pourrait servir à mettre au vert les pauvres chevaux de fiacre qui sont toi-même et plusieurs de nos amis, les impressionnistes pauvres.» Cette idée d'un atelier du Midi se retrouve par la suite dans de nombreuses lettres, et fit à ce point son chemin qu'Emile Bernard songeait à venir, et avec lui Laval, Moret, Chamaillard. «Je ne demanderais pas mieux, révéla Vincent à Théo. Mais lorsqu'il s'agira de la vie en commun de plusieurs peintres, je stipule avant tout qu'il faudrait un abbé pour y mettre l'ordre et que naturellement cela serait Gauguin. Raison pourquoi je désirerais que Gauguin fût ici encore avant eux.»

«La lave de feu qui embrase notre âme de peintre»

Pourquoi le Midi ? «Mon cher frère, tu sais que je me suis rendu dans le Midi et que je m'y suis lancé dans le travail pour mille raisons. Vouloir voir une autre lumière, croire que regarder la nature sous un ciel plus clair peut nous donner une idée plus juste de la façon de sentir et de dessiner des Japonais. Vouloir enfin voir ce soleil plus fort.»

Après les arbres au printemps, après les *Marines bleues* vinrent les *Moissons d'or*; et, avant les *Vignes rouges* de l'automne, les admirables *Tournesols*. «La saturation triomphale du jaune, sans ombre ni

modelé, sur fond de même ton ou sur fond vert, est poussée à sa limite extrême. Vincent a totale conscience d'identifier le mouvement de son être à celui de ces disques safran qui se tournent à l'aube vers le soleil et sont brûlés à midi de ses feux», écrit Jean Leymarie. L'extraordinaire tension de ce travail rejoint ici l'énergie passionnée qui s'était déployée à Pont-Aven au même moment, ardeur si bien exprimée aussi par Gauguin dans la lettre qui accompagnait l'envoi de son portrait : «Les tons en feu de forge qui enveloppent les yeux indiquent la lave de feu qui embrase notre âme de peintre»...

Quelle fièvre encore chez Van Gogh, dans le dessin (ci-dessus) qu'a fait de lui Emile Bernard. L'extrême tension du peintre se devine dans le mouvement qui le précipite vers son chevalet.

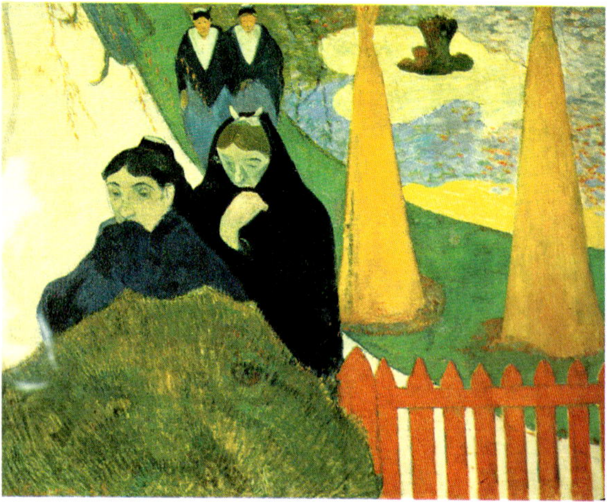

Dans les *Vieilles Femmes à Arles*, Gauguin laisse surgir son sens impérieux des lignes décoratives. Mais qu'est-ce ici, à gauche, que cet étonnant bosquet en hérisson où se voit comme un œil ? On dirait quelque forme hantée à son tour par le regard de Van Gogh.

Un décor flamboyant, éclairé d'une violente tache rouge et tout paré des couleurs de l'automne, ainsi apparaissent *Les Alyscamps* – du nom de l'ancienne nécropole gallo-romaine – de Gauguin, arrivé en Arles à la fin du mois d'octobre 1888.

L'un observe, l'autre imagine

Le plus important, évidemment, ce sont les problèmes purement esthétiques. S'il a été question dans leurs lettres respectives de «peintures d'enfant», pour Gauguin et Bernard; de faire «des images naïves de vieil almanach de campagne», chez Van Gogh; des peintres d'autrefois qui travaillaient «par les valeurs», de ceux qui aujourd'hui travaillent «par les couleurs», leur préoccupation essentielle peut se résumer ainsi : faut-il peindre d'après nature, ou doit-on travailler de mémoire et d'imagination ?

Gauguin, naturellement, insiste sur la mémoire, et sur l'imagination. Van Gogh parle un moment de travailler «moitié d'imagination, moitié avec un modèle». Visiblement inspiré par les *Bretonnes* de Bernard, que Gauguin a apporté avec lui, il peint la *Salle de danse à Arles*, puis l'*Arlésienne*, la *Berceuse* – sujet dont il fera toute une série –, la *Liseuse de romans*, où l'on retrouve nombre des partis pris de Pont-Aven. Mais les tableaux faits de mémoire et d'imagination, ce qu'il appelle des

«abstractions», ne correspondent pas à sa nature. «Vite, dit-il, on se retrouve devant un mur.» Il ne croit au fond de lui-même qu'à ce qui vient, d'abord, de l'observation. Il veut peindre le monde en face. Là se retrouvent à la fois son goût protestant de la vérité, et son sens inné de la fraternité universelle.

Comment deux personnalités si fortes auraient-elles pu s'entendre longtemps? Un débat, à propos de Delacroix et de Courbet, est chargé un jour, comme le reconnaît Vincent, d'une «électricité excessive». Le 23 décembre, dans la nuit, Gauguin s'en va dormir à l'hôtel, pour échapper aux accès de colère furieuse de Van Gogh. Ce dernier se coupe le lobe de l'oreille gauche et, avant de se coucher, va le porter à une prostituée. C'en est fini de l'atelier du Midi. Mais non, heureusement, de leur amitié. Après cet essai de travail en commun, chacun reprend son chemin, et chacun d'une manière plus affirmée.

Aussi bien dans l'étalement des couleurs que dans la stylisation des figures et des coiffes, ou encore dans la schématisation des globes lumineux, *La Salle de danse à Arles* de Van Gogh est l'un de ses tableaux les plus proches de Pont-Aven. Mais Van Gogh sait qu'il ne peut se passer pour peindre d'une réalité qu'il ne cessera de rendre toujours plus humaine à travers sa sensibilité exacerbée. Alors que Gauguin regarde le monde avec une imagination de plus en plus riche et puissante.

« La première de ces images, c'est, dans un coin désert ou presque désert de la grande foire de 1889, au Champ-de-Mars, à l'ombre de la tour Eiffel toute neuve, le café Volpini. Là sont exposées, dans des cadres blancs, les premières œuvres de la nouvelle peinture. Sont-ce des charges d'atelier, de l'ordre de celles qu'on montrait alors aux Incohérents ? Les déformations du dessin, l'aspect caricatural, les couleurs posées à plat : tout scandalise. »

Maurice Denis

CHAPITRE III
PONT-AVEN À PARIS, L'EXPOSITION DU CAFÉ VOLPINI

Misères humaines est l'une des onze zincographies présentées par Gauguin au café Volpini. Il l'a rehaussée à la gouache et à l'aquarelle.

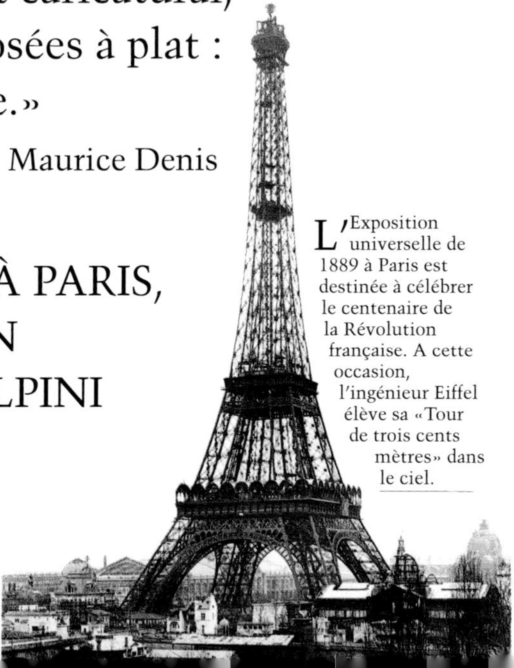

L'Exposition universelle de 1889 à Paris est destinée à célébrer le centenaire de la Révolution française. A cette occasion, l'ingénieur Eiffel élève sa « Tour de trois cents mètres » dans le ciel.

Cette planchette tachée de couleurs pures

Dès son retour à Paris en octobre 1888, Paul Sérusier n'avait eu qu'une hâte : montrer à ses amis le petit tableau qu'il venait de peindre à Pont-Aven, au Bois d'Amour, sous la dictée de Gauguin. Il le présente en grand mystère à ses camarades de l'académie Julian : Pierre Bonnard, Henri-Gabriel Ibels, Maurice Denis; puis à Edouard Vuillard, Ker-Xavier Roussel, René Piot, élèves, eux, de l'Ecole des beaux-arts.

Pourquoi, sur cette planchette de bois, ces taches vives de couleurs pures? C'est que Gauguin lui avait demandé : «Comment voyez-vous cet arbre; il est vert? Mettez donc du vert, le plus beau vert de votre palette. Et cette ombre, plutôt bleue? Ne craignez pas de la peindre aussi bleue que possible.»

Deux ans après *Le Talisman*, «surface plane recouverte de couleurs en un certain ordre assemblées», Maurice Denis devait peindre – «équivalent passionné d'une sensation reçue» – ses *Taches de soleil sur la terrasse.*

Et ainsi du jaune, ou du vermillon. Gauguin avait dit également la même chose à Van Gogh, à Arles; on en trouve l'écho dans une lettre de Vincent à Théo : «C'est un peu ça que sentent Bernard et Gauguin. Ils ne demandent pas le ton juste des montagnes, mais ils diront : nom de Dieu les montagnes étaient-elles bleues, alors foutez-y du bleu, et n'allez pas me dire que c'était un bleu un peu comme ci comme ça; c'était bleu, n'est-ce pas? bon. Faites-les bleues, et c'est assez!» Il s'agissait bien d'exalter les couleurs, sans s'occuper trop du «ton local», du ton exact des spectacles observés. Il s'agissait aussi de simplifier les formes, dans un trait qui en accentuât le caractère.

«Ne peignez pas trop d'après nature», conseillait Gauguin. On voit tout le parti qu'il a tiré lui-même de cette pensée dans sa *Marine avec vache au-dessus du gouffre* : une vue en surplomb, une composition agencée en entrelacs, des teintes presque plates. Bernard va plus loin encore dans le raccourci des formes et la vigueur des à-plats colorés avec son étonnant *Arbre jaune*.

Les prophètes parisiens

On devine l'effet que dut produire ce petit paysage dans l'esprit de jeunes gens qui ne connaissaient même pas encore les impressionnistes.

Entraînés par Paul Sérusier, ils allaient bientôt découvrir quelques toiles de Gauguin, exposées à la fin de l'année par Théo Van Gogh dans deux petites salles, chez Boussod et Valadon, boulevard Montmartre – et, notamment, la surprenante *Vision après le sermon* qui s'y trouvait en dépôt, avec des toiles de la Martinique.

Pour unir la ferveur de ses camarades et afin d'annoncer au monde ce nouvel évangile de la peinture, Sérusier, qui avait le goût de l'ordre et se plaisait aux théories, avait décidé la formation d'un groupe. Comme il aimait le mystère, il voulait donner à ce groupe un nom un peu étrange. Son ami hébraïsant Auguste Cazalis lui ayant révélé que le mot prophète, en hébreu, se dit *nabi*, les nouveaux prophètes allaient s'appeler les nabis.

Devant sa toile un peintre.. quel ?
Vinci, Raphaël ou Michel-
Ange ? fait bea
De lui par un tas
Dont se lèvent sou

L'ami «Schuff»

Revenu à Paris le 26 décembre après le drame d'Arles, Gauguin y avait retrouvé l'hospitalité d'Emile Schuffenecker.

Possédant quelque fortune personnelle, ayant tenu aussi à devenir professeur de dessin, Schuffenecker put en de très nombreuses occasions montrer son

– C'est Emile Schuffenecker ! –

dévouement à Gauguin. Il l'avait déjà hébergé à son retour du Danemark en 1885 et à son retour de la Martinique en 1887. «Pour moi, devait écrire l'un de ses anciens élèves, Edouard Deverin, qui l'ai connu jadis au lycée Michelet où il exerça durant de longues années les fonctions de professeur de dessin, je garde un souvenir ému de ce petit homme aux yeux brillants, enthousiaste et virulent, qui nous fit connaître Rimbaud, Corbière et Mallarmé et révéla à nos yeux de seize ans ces peintres alors méconnus et bien discutés : Cézanne, Gauguin, Van Gogh, Odilon Redon.» A tous ces noms il faut ajouter celui de

De trois ans son cadet, Emile Schuffenecker avait rencontré Gauguin chez l'agent de change Bertin dont ils étaient tous deux les employés. Devenu intime des Gauguin, il avait quitté définitivement la Bourse en 1880 pour se consacrer à sa peinture. Son épouse et lui-même aidaient généreusement les artistes. Emile Bernard lui dédicaça cet affectueux poème : «Devant sa toile un peintre… quel ? Vinci, Raphaël ou Michel-Ange ? Fait beaucoup se moquer de lui par un tas de lourdauds dont se lèvent souvent les dos… C'est Emile Schuffenecker !»

Degas, pour qui Schuffenecker avait une vénération particulière.

Des albums, pour se faire connaître

Dès le début de janvier 1889, Gauguin entreprend, pour les réunir en album, une série de dessins lithographiques. Il s'agit de dix gravures, plus une couverture, en noir ou sanguine sur un fond brillant jaune vif. Selon son habitude lorsqu'il change de technique, il y transpose des sujets déjà traités en peinture, et y ajoute quelques thèmes tirés

des *Histoires extraordinaires* d'Edgar Poe, des *Fables* de La Fontaine – *La Cigale et la Fourmi* – ou des récits mythologiques – *Léda séduite par Zeus métamorphosé en cygne*. Le tout imprimé et tiré à une cinquantaine d'exemplaires par Edward Ancourt.

Emile Bernard, à la même époque, a composé un album de zincographies reprenant également des sujets bretons ; c'est d'ailleurs sous le titre de *Bretonneries* que paraîtra cet ensemble dont les formes très synthétisées ont été richement rehaussées de couleurs à l'aquarelle.

Invité au Salon des XX à Bruxelles, Gauguin y envoie douze toiles – dont *La Vision après le sermon*. Il peint *La Famille Schuffenecker*, et donne les traits tourmentés de son propre visage à une étonnante céramique en grès. Après un court séjour en Bretagne, il regagne Paris où s'est ouverte l'Exposition universelle, qui le passionne. Il admire la tour Eiffel, invite avec insistance Emile Bernard à venir visiter avec lui les pavillons de Java, de l'Inde, du Cambodge.

« J'ai commencé une série de lithographies pour être publiées afin de me faire connaître. C'est du reste d'après le conseil et sous les auspices de votre frère. » Dans une lettre à Van Gogh, Gauguin définit parfaitement son but.

L'illustration des *Drames de la mer*, reproduite ci-dessus à droite, est inspirée des *Histoires extraordinaires* d'Edgar Poe, traduites par Baudelaire en 1854. Quant à la *Bretonne ramassant des pommes* (à gauche), elle est d'Emile Bernard, et s'apparente beaucoup à ses *Bretonneries*, visibles « sur demande » à l'Exposition du café Volpini en même temps que les « lithographies » de Gauguin. Les unes et les autres étaient, en fait, des zincographies (dessin sur papier-transfert, reporté sur une plaque de zinc puis imprimé).

Cette aimable *Nature morte* d'Emile Bernard, qui se qualifie lui-même plaisamment d'«impressionnisse», montre bien la compréhension qu'il eut, tout jeune encore, du génie de Cézanne.

Au café Volpini

Schuffenecker, qui a senti son désir de profiter de l'immense public pour exposer avec ses amis, a trouvé un propriétaire de café, nommé Volpini, heureux de prêter ses murs pour cette manifestation. Le titre de cette exposition, à l'ombre de la tour Eiffel toute neuve? «Exposition de peintures. Groupe impressionniste et synthétiste». Impressionniste, pour se distinguer de l'art officiel. Synthétiste, pour bien définir la nouvelle tendance.

Elle s'ouvre au début de juin 1889. Le critique d'art Félix Fénéon remarque aussitôt que «les larges traits dont M. Bernard cerne accidents de terrain et êtres sont le réseau de plomb d'un vitrail». Il caractérise l'art de Gauguin : «La réalité ne lui fut qu'un prétexte à créations lointaines, il réordonne les matériaux qu'elle lui fournit, dédaigne le trompe-l'œil de l'atmosphère, accuse les lignes, restreint leur nombre, les hiératise; et dans chacun des spacieux cantons que forment leurs entrelacs, une couleur opulente et lourde s'enorgueillit mornement sans attenter aux couleurs voisines.»

La révélation décisive

A travers les expressions conjointes d'Emile Bernard et de Gauguin (à travers l'intelligence de l'un, le génie

Faut-il se grouper sous un vocable particulier, comme *synthétisme* ? semble se demander Bernard dans cet ensemble de portraits charges qu'il a intitulé :

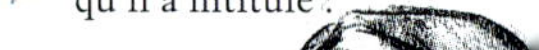

Un cauchemar. Il y avait eu force discussions pour donner un nom au groupe de peintres retenus pour l'Exposition Volpini. Il fallait d'un côté se distinguer des impressionnistes sans les froisser; de l'autre, définir la tendance nouvelle. L'appellation de «Groupe impressionniste et synthétiste» fut ainsi adoptée.

GROUPE IMPRESSIONNISTE ET SYNTHÉTISTE

CAFÉ DES ARTS

VOLPINI, DIRECTEUR

EXPOSITION UNIVERSELLE

Champ-de-Mars, en face le Pavillon de la Presse

EXPOSITION DE PEINTURES

EXPOSANTS

Paul Gauguin
Charles Laval
Léon Fauché
E. Schuffenecker
Louis Anquetin
Georges Daniel
Emile Bernard
Louis Roy
Ludovic Nemo

de l'autre), chacun sait désormais qu'il peut écarter son art du réel, pour créer un être autonome, doué d'une vie propre : le tableau. Révélation décisive.

Pour les jeunes nabis, cette exposition confirme l'impression produite par le petit paysage peint au Bois d'Amour par Sérusier. Maurice Denis rappellera leur surprise : «Au lieu de fenêtres ouvertes sur la nature comme les tableaux des impressionnistes, c'étaient des surfaces lourdement décoratives, puissamment coloriées et cernées d'un trait brutal, cloisonnées, car on parlait aussi à ce propos de cloisonnisme et de japonisme.» Quant à Paul Sérusier, il assure aussitôt à Gauguin : «Je suis des vôtres», et il part dès juillet le retrouver à Pont-Aven.

Le titre trouvé, la liste des exposants arrêtée, restait à transporter les tableaux au Champs-de-Mars. «Nous avions fait le transport de nos toiles nous-mêmes, dira Emile Bernard, Gauguin tirant sur la charrette à bras tandis que nous poussions derrière.»

Le travail commun autour d'un programme : peindre de mémoire, simplifier, faire du tableau un petit monde qui doit se suffire. «Gauguin parlait, c'est vrai, lui aussi, de la perception des sens; mais il enseignait que l'impression de la nature doit s'allier au sentiment esthétique qui choisit, ordonne, simplifie et synthétise» (Jan Verkade, *Le Tourment de Dieu*).

CHAPITRE IV
PONT-AVEN ET LE POULDU, UN CÉNACLE

“Gauguin était étonnamment intuitif; quand je jouais de l'accordéon, j'essayais de trouver comment l'instrument était fait, comment il fonctionnait, quels sons on pouvait en tirer. Lui cherchait à partir d'un air déjà connu; mais, très vite, cela devenait un autre air; il brodait des variations personnelles.”
Paul Sérusier *in* Charles Chassé, *Gauguin et le groupe de Pont-Aven*

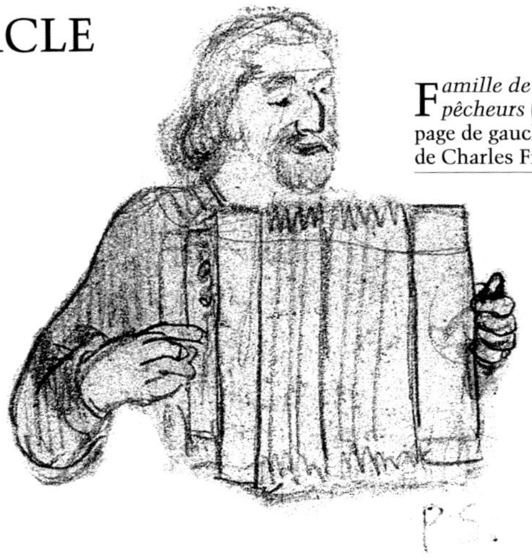

F*amille de pêcheurs* (1890, page de gauche) de Charles Filiger.

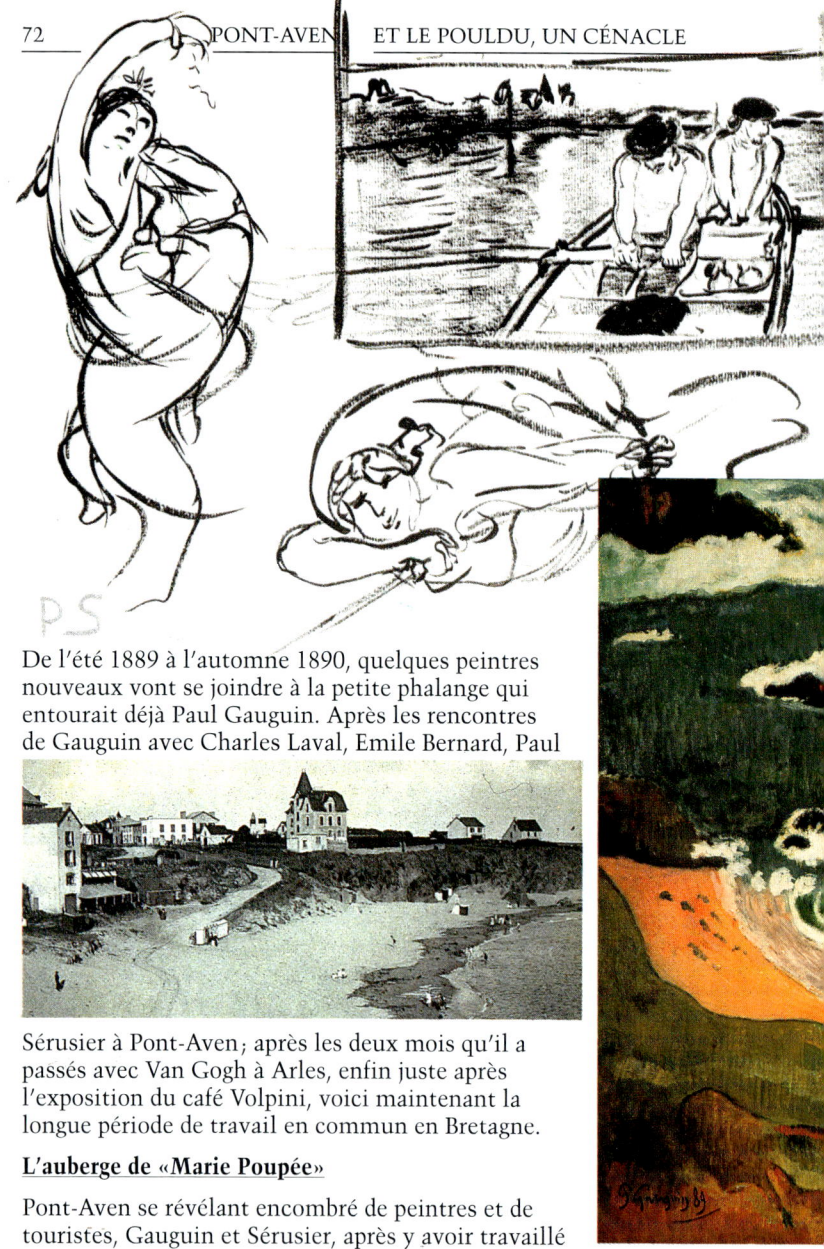

De l'été 1889 à l'automne 1890, quelques peintres nouveaux vont se joindre à la petite phalange qui entourait déjà Paul Gauguin. Après les rencontres de Gauguin avec Charles Laval, Emile Bernard, Paul

Sérusier à Pont-Aven; après les deux mois qu'il a passés avec Van Gogh à Arles, enfin juste après l'exposition du café Volpini, voici maintenant la longue période de travail en commun en Bretagne.

L'auberge de «Marie Poupée»

Pont-Aven se révélant encombré de peintres et de touristes, Gauguin et Sérusier, après y avoir travaillé

ensemble durant l'été, s'installent au Pouldu dans la modeste auberge que tient Marie Henry – surnommée Marie Poupée, pour son joli visage. Jacob Meyer de Haan et Charles Filiger les y rejoignent. Henry Moret, au Bas-Pouldu, et Chamaillard, à Riec-sur-Belon, sont tout près. L'année suivante viendront Wladyslaw Slewinski, et Jens Ferdinand Willumsen. On verra aussi Maxime Maufra et Gustave Loiseau.

Ces artistes se rapprochent tout naturellement de Gauguin : on l'a constaté avec Charles Laval, Emile Jourdan, Ernest Ponthier de Chamaillard, Emile Bernard, Paul Sérusier. Ce «sauvage» n'est pas un solitaire; il est sûrement flatté de ces amitiés et

En 1889 et 1890, Paul Sérusier réalisa plusieurs croquis de Gauguin. A l'accordéon (page 71) ou, comme ici, ramant dans une barque. Il faisait souvent la traversée entre Pont-Aven et le Pouldu en compagnie du capitaine Jacob, officier des douanes, qui transportait aimablement les peintres au cours de ses tournées d'inspection.

Il était bien raide le chemin qui remontait de la plage du Pouldu (page de gauche). Les goémoniers y tiraient leurs charrettes lourdement chargées. Arrivés en haut de la côte, ils aimaient faire une courte halte à la *Buvette de la plage*, tenue par une certaine Marie Henry.

La Plage du Pouldu (1889, ci-contre) montre à quel point Gauguin a regardé le dessin, à la fois précis et décoratif, des Japonais. Tout ici est transformé en rythmes ondulés, les vagues ourlées semblant parfois se confondre avec des nuages. «Devant ses tableaux de Bretagne, déclarait Aristide Maillol, à qui ce tableau a appartenu, je sentais que je pourrais travailler dans cet esprit. Je me suis dit aussitôt que ce que je ferais serait bon, lorsque Gauguin l'aurait approuvé.»

il aime les jeunes entourages. Ayant déjà parlé d'un «groupe» avec Pissarro, d'une «association» avec Van Gogh, il ne voit pas sans plaisir se créer une petite colonie autour de lui. Il aura toujours l'envie d'une sorte de phalanstère, et une lettre à Willumsen en août 1890 donne l'idée qu'il se fait d'une communauté

d'artistes : «Vous avez raison de dire que nous sommes un peu parents. Nous acquerrons la force d'accomplir notre œuvre avec le temps, si nous apprenons à nous reconnaître et à nous regrouper comme disciples d'une religion nouvelle, et si nous nous certifions en notre foi par une mutuelle affection.»

«Qu'ils regardent attentivement mes tableaux derniers [...] et ils verront ce qu'il y a de souffrance résignée»

Mis à part l'intérêt qu'y avaient pris ces jeunes artistes, l'exposition du café Volpini avait été un échec complet : aucune toile vendue. Revenu en Bretagne très désappointé, Gauguin resta d'abord «dans un marasme épouvantable de tristesse». Passant toujours par des alternatives d'espoirs fous

“Gauguin était bien doux et bien misérable et nous l'aimions bien. Seulement, à cette époque-là, sa peinture effrayait un peu. Il disait toujours à mon mari qu'il voulait faire mon portrait, si bien qu'un jour il l'a commencé. Mais, pendant qu'il travaillait, il ne voulait jamais me laisser regarder sa toile parce qu'il disait qu'on ne peut se rendre compte de rien pendant que le tableau est en cours; et toujours il le recouvrait après chaque séance. Quand il eut fini, il le montra d'abord à d'autres peintres qui s'en sont bien moqués et je l'ai su; si bien que quand il est venu me l'apporter j'étais déjà mal disposée [...]. Gauguin, lui, est venu, bien content, et il se promenait à travers la maison, cherchant le meilleur endoit où l'accrocher. Mais quand il me l'a montré, je lui ai dit : «Quelle horreur!» et qu'il pouvait bien le remporter, car je ne voudrais jamais de ça chez moi. [...] Gauguin était très triste et il disait, tout désappointé, qu'il n'avait jamais réussi un portrait aussi bien que celui-là. [...] J'ai su, depuis, qu'à la vente Degas ce portrait, que j'ai refusé comme cadeau, s'est vendu pour plusieurs dizaines de milliers de francs.”

Angèle Satre *in* Charles Chassé, *Gauguin et le groupe de Pont-Aven*

«C'est un tableau disposé sur la toile comme les grosses têtes dans les crépons japonais; il y a le portrait en buste et puis le fond», écrivait Théo Van Gogh à son frère après avoir reçu

La Belle Angèle (1889). Ce portrait d'Angèle Satre, dont le mari devait devenir maire de Pont-Aven, fut acquis par Degas en 1891, puis acheté par Ambroise Vollard à la vente Degas en 1918. En 1927, Robert Rey le lui avait emprunté pour illustrer l'un de ses cours à l'Ecole du Louvre. Et «Monsieur Vollard fit savoir que puisque *La Belle Angèle* était venue jusqu'au Louvre, il offrait qu'elle y restât... Joli geste, et fait avec esprit», devait écrire Robert Rey lui-même.

et de violents désespoirs, il se ressaisit et peut écrire à Emile Bernard, du Pouldu : «Enfin, j'espère que cet hiver vous verrez de moi un Gauguin presque nouveau. Ce que je désire, c'est un coin de moi-même encore inconnu.»

De fait, ce nouveau séjour à Pont-Aven et au Pouldu va être l'un des plus riches. De 1889 datent *La Belle Angèle*, le *Christ jaune*, l'*Autoportrait au Christ jaune*, le *Christ vert*, le *Christ au jardin des Oliviers*, les *Petites Bretonnes au bord de la mer*, *Les Ramasseuses de varech*. De 1890, des paysages comme *Les Meules*, *Les Champs au Pouldu* et de nombreuses natures mortes. Autant d'œuvres le plus souvent admirables. D'un côté un art qui se cherche, dans le sentiment religieux et dans le style primitif bretons – le *Christ jaune* s'inspire d'un bois polychrome de la chapelle de Trémalo ; le *Christ vert*, du calvaire de Nizon –, et de l'autre une peinture où l'invention décorative est de plus en plus affirmée. Mais, en tout, une profonde mélancolie. Celle qui se voit dans le regard des petites Bretonnes. Celle surtout que l'on éprouve devant la figure du *Christ au jardin des oliviers* : «C'est mon portrait que j'ai fait là.» Il écrit dans le même temps à Emile Bernard, en pensant à ceux qui voudraient s'intéresser à ce qu'il fait : «Qu'ils regardent attentivement mes tableaux derniers (si toutefois ils ont un cœur pour sentir) et ils verront ce qu'il y a de souffrance résignée. Ce n'est donc rien, un cri humain ?»

C'est de la pietà très simple du calvaire de Nizon (ci-dessous) que Gauguin s'est inspiré pour son *Christ vert* ou *Calvaire breton* (1889, à droite).

Le vieux calvaire (à gauche) de l'église de Nizon fut élevé – comme l'indiquent les nœuds sur le fût de sa croix – pour conjurer une épidémie de peste. Sous le crucifix, les statues géminées de saint Jean et de Marie-Madeleine, de saint Pierre et de la Vierge, puis la pietà : autant de personnages de granit qu'a su sobrement mais intensément animer un artiste oublié du XVIe siècle.

“Toujours aux environs immédiats de Pont-Aven, dans le village qui porte le nom charmeur et inattendu de Nizon, Gauguin a rencontré le même visage de la beauté spirituelle sous les traits d'une pietà de pierre prenant à témoin de sa douleur les passants et les forces cosmiques, depuis des siècles, sur la petite place.”

Henri Queffélec

Ce *Christ vert* a été peint par Gauguin la même année (1889) que son *Christ jaune*. On a retrouvé dans les papiers d'Albert Aurier une carte de visite du peintre, portant des notes sur la réalisation de cette toile : «Calvaire, froide pierre du sol; idée bretonne du sculpteur qui explique la religion à travers son âme.» Il insiste encore sur le paysage, «c'est-à-dire la poésie bretonne», puis il donne le nom de l'étrange animal qu'on aperçoit en bas à droite de la composition : «un mouton passif». Jamais, sans doute, ne s'était-il senti aussi en accord avec l'esprit grave de la statuaire locale.

Un Parnasse au Pouldu

Gauguin subjugue néanmoins ses compagnons par une force et une énergie vitales qui paraissent inébranlables. Il est assurément le «maître». Mais si chacun apprend beaucoup de lui, il profite lui-même de ces échanges qu'il suscite. Ce ne sera pas un mince mérite pour Paul Sérusier et pour Jacob Meyer de Haan d'avoir été, comme Emile Bernard, ses interlocuteurs privilégiés : leur intelligence, leur profonde culture auront largement contribué à l'approfondissement de son art.

Des portraits et des scènes sont peints à même le bois des portes ou des armoires, à même le plafond de la salle à manger de Marie Henry : «Les arts du maître

et de ses disciples, écrit Armand Seguin, firent rapidement d'une vulgaire auberge un temple d'Apollon.» De Gauguin, voici : *Bonjour Monsieur Gauguin*; son *Portrait charge* et celui de Meyer de Haan; *Adam et Eve*, et encore (au plafond, et sur un trumeau) des *Oies*, puis le buste sculpté sur bois de Meyer de Haan. De ce dernier, des *Teilleuses de lin*. De Sérusier, une *Ronde bretonne*. De Filiger, une *Vierge*. Maxime Maufra ajoutera des marines… Gauguin orne des assiettes, taille le bois, le rehausse de couleurs. Tout lui est prétexte à décor : coffres

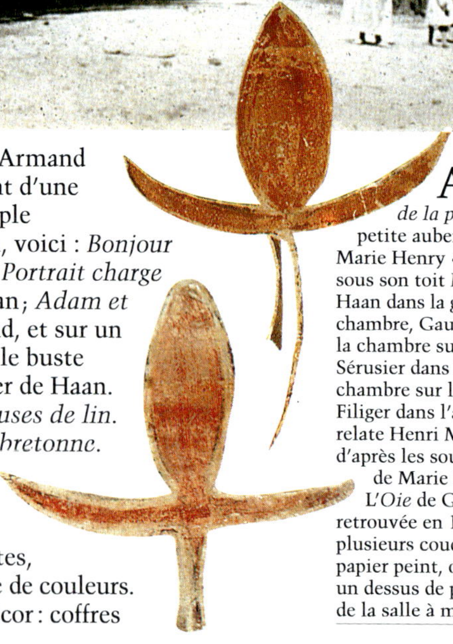

Appelée *Buvette de la plage*, la petite auberge de Marie Henry «abritait sous son toit Meyer de Haan dans la grande chambre, Gauguin dans la chambre sur la cour, Sérusier dans la chambre sur la rue, Filiger dans l'atelier», relate Henri Mothéré, d'après les souvenirs de Marie Henry. L'*Oie* de Gauguin, retrouvée en 1924 sous plusieurs couches de papier peint, ornait un dessus de porte de la salle à manger.

et pots, assiettes, vases et plats, sabots et tonneaux. Certes il y avait un «maître» incontesté, mais qui entendait bien laisser à chacun sa liberté; d'où, à l'intérieur du groupe, des personnalités fort distinctes qui devaient ici s'affirmer. Ce qui sera commun à nombre de ces peintres, c'est une sorte de franchise et de rudesse rejoignant parfois l'imagerie populaire.

L*a Barrière fleurie* (ci-dessus) de Paul Sérusier est une sorte de réponse aux *Bonjour M. Gauguin*, de la même année 1889, dont elle reprend exactement la composition. Gauguin en avait réalisé deux versions : l'une sur toile, et l'autre sur un panneau de porte de l'auberge de Marie Henry. Il avait aussi installé à la place d'honneur dans la salle à manger le *Portrait de Marie Henry allaitant son enfant*, de Meyer de Haan. Celui-ci devait être le père de la seconde fille de Marie Henry.

Le nabi à la barbe fleurie

Paul Sérusier, s'il naquit à Paris, disait qu'il était «né de l'esprit» en Bretagne. Après son premier contact avec Gauguin et Pont-Aven, il devait revenir chaque année en Bretagne dès les premiers beaux jours, et il allait s'installer

à Huelgoat, puis à Châteauneuf-du-Faou, pour ne plus passer à Paris que les mois d'hiver. Tout son œuvre peint aura été composé sur la terre bretonne. Cueilleurs de genêt, ramasseurs de goémon, moissonneurs de blé noir : c'est toute l'activité paysanne. Viennent encore des lavandières rentrant de la rivière, une jeune bergère et sa vache devant une chaumière au Pouldu, les lavandières à la Laïta, ou la maison du douanier, et telle ferme avec son toit de chaume.

On trouve là les principes énoncés par Gauguin : le tableau, non comme copie de la nature, mais comme synthèse de sensations, d'une composition affirmée.

L'esprit de recueillement de Sérusier, son penchant pour la solitude se reflètent vite dans ses premiers tableaux bretons, qu'il s'agisse d'un ramasseur de goémon penché à son labeur, d'une jeune Bretonne pensive au bord d'une rivière, d'une autre marchant dans un sous-bois, ou assise sur un rocher. Et voici cette paysanne, son panier sous le bras, dans *Les Grands Sables du Pouldu* (double page précédente), parfaitement isolée dans l'immensité jaune du paysage. Les arbres courbés par le vent, les vieilles demeures au loin blotties entre les collines boisées, le ciel bas, tel est bien le climat de la Bretagne dont il a ressenti la spiritualité. Comme Gauguin, qui les a peints souvent «pour leur incarnation immémoriale de tous les plaisirs gloutons, pour leur peau dont la couleur est plus stridente dans un paysage que celle des vaches» (Françoise Cachin), Sérusier n'a pas craint de montrer cochons et porcelets. Mais sans doute dans un esprit moins jovial : il s'agit ici de montrer la tâche quotidienne des paysannes leur apportant la nourriture.

Les couleurs, claires, n'y sont jamais exactement plates, mais travaillées de fines traînées qui leur confèrent une grande douceur. Le dessin reflète une volonté d'élégante simplification. La marque de ses tableaux : le hiératisme des figures, une sorte de silence, un esprit de recueillement.

Sérusier qui, après l'exposition au café Volpini et la puissante démonstration synthétiste, disait avoir «absorbé le poison», à présent le distille.

Très sobre dans sa composition et très chaleureuse dans ses tons, la *Nature morte à la cafetière* de Meyer de Haan (page de droite) dénote l'atavique fond de réalisme de ce peintre hollandais.

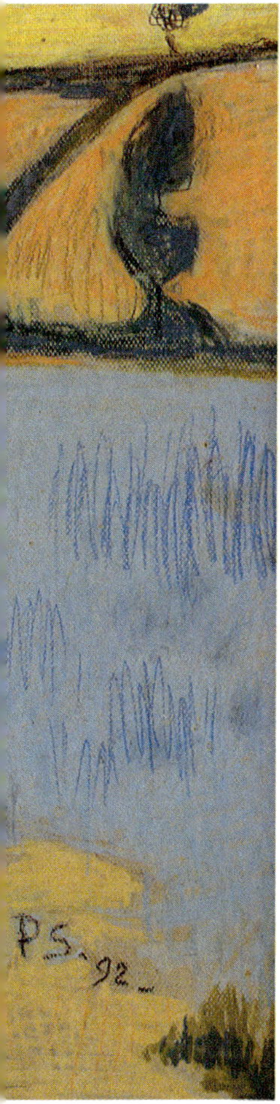

Elève enthousiaste et mécène généreux

Jacob Meyer de Haan a déjà trente-six ans lorsqu'il arrive à Paris, venant de Hollande, en 1888. Peintre amateur, il a abandonné sa part dans une affaire familiale de biscuits contre une rente mensuelle, pour se consacrer entièrement à l'art. Théo Van Gogh l'accueille chez lui, lui fait connaître Camille Pissarro, et envoie ses dessins à Vincent pour avoir son avis. Avis très favorable, avec une préférence pour les figures. C'était l'époque où Gauguin se trouvait en Arles : une rencontre toute naturelle avec lui à Paris, chez Théo, fut suivie de la venue de Meyer de Haan à Pont-Aven.

Vincent Van Gogh, évidemment, avait vu juste. Ce sont ses figures qui sont les plus importantes dans sa peinture. Cet homme au visage si surprenant a fait de lui-même

« Les murs de pierre sèche dessinent les champs morcelés qu'ils entourent, écrit Armand Seguin. Ils forment des cloisonnés rouges, verts, jaunes ou violets, selon les saisons.» Tel est donc le «damier breton», paysage déjà décoratif en soi, où évoluent *Les Laveuses à la Laïta* de Sérusier (à gauche et ci-dessus, deux études).

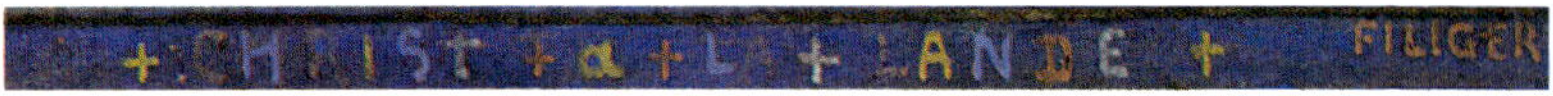

de fortes effigies. Son *Portrait de Marie Henry allaitant son enfant* dénote une grande puissance de concentration. Gauguin l'admire et le met à la place d'honneur dans la salle à manger de l'auberge. Sans doute est-ce l'une des œuvres les plus marquantes de l'esthétique de Pont-Aven, dans son aplomb et sa rigueur.

Ses natures mortes, elles aussi, possèdent une sorte de carrure, d'étrange solidité : art abrupt et tendre à la fois.

L'Alsace, Byzance et la Bretagne

Né en 1863 à Thann, en Alsace, où son père était dessinateur de tissus, Charles Filiger vient étudier la peinture à Paris, dans l'atelier Colarossi. L'exposition du café Volpini fait sur lui une très grande impression; il s'y procure l'*Album* de lithographies de Gauguin et celui d'Emile Bernard, les *Bretonneries*. Arrivé à Pont-Aven en juillet 1889, il ne quittera plus guère la Bretagne.

Esprit mystique, secret, il laisse voir dans son art un surprenant contraste entre le calme de ses figures et les formes parfois étrangement tourmentées des paysages qui leur servent de fond. Ainsi de ces arbres tordus et courbés par le vent, mais également de ces taches colorées, tout abstraites, tantôt sombres, tantôt claires, qui évoquent les jeux alternés de l'ombre et de la lumière, des nuages et du soleil. Filiger est assurément l'un des artistes les plus étonnants de l'entourage de Gauguin, qui le recommande ainsi à Octave Maus, organisateur du salon des XX à Bruxelles : «Permettez-moi, cher Monsieur, de vous parler d'un ami à moi, Monsieur Filiger, qui est en quelque sorte un de mes élèves. Je l'estime beaucoup comme personnalité; il a un art bien à lui et bien

L'art de Charles Filiger (posant dans son atelier en page de droite) aurait-il été le même hors de la Bretagne? Où ailleurs ce peintre, alsacien d'origine, aurait-il pu trouver une terre où rusticité et noblesse se fondent si parfaitement pour donner à ses figures mystiques le décor qui, avec l'horizon marin, leur convînt à ce point? Ci-dessus, paraissant échappé d'une icône où l'or serait devenu bleu, son *Christ à la lande* s'apparente au *Christ jaune* de Gauguin. Sur fond de lande encore, son *Jeune Vacher breton* (page 88) évoque l'image d'un saint, paisible et doux.

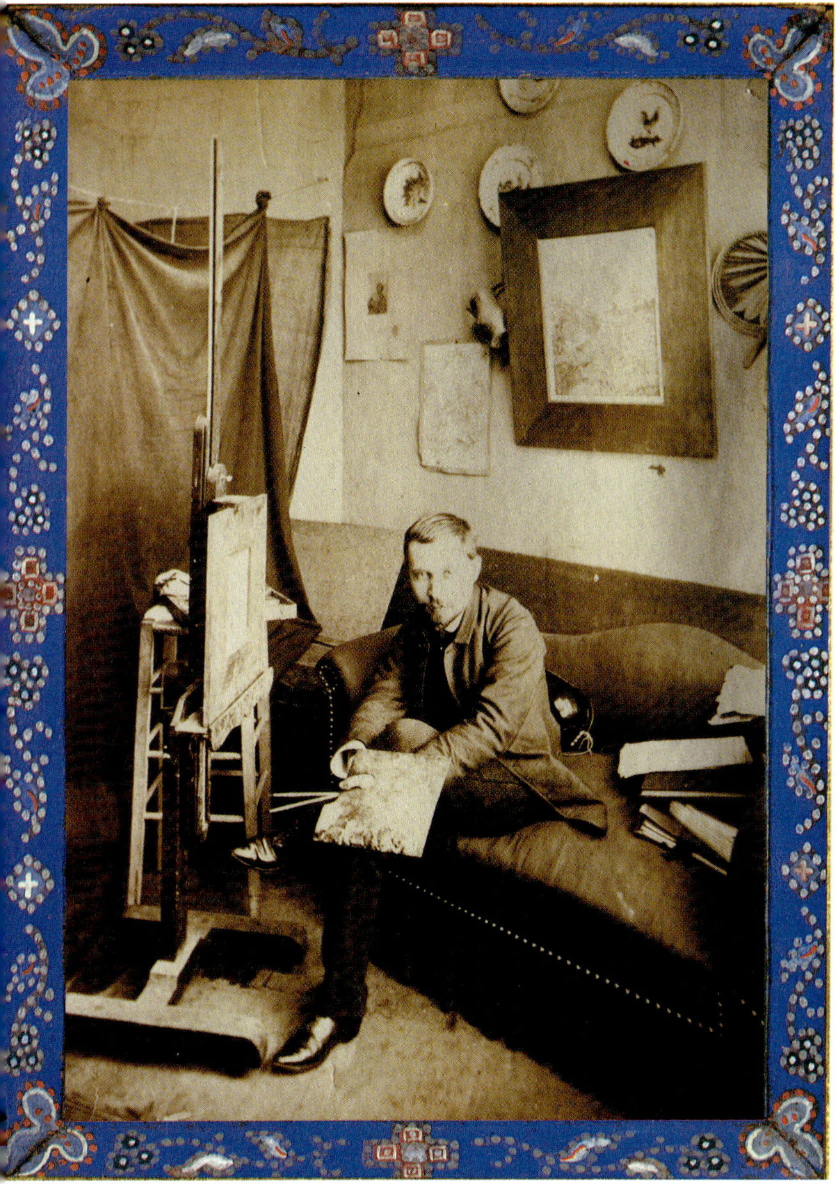

moderne.» Bien moderne, oui, par l'agencement de ces lignes et de ces taches abstraites; par le sens de l'ornement. La «synthèse», chez lui, semble une expression naturelle pour transcrire ce qu'il voit. «Vive la sintaize!» écrivait plaisamment Gauguin du Pouldu. Elle atteignait, avec Filiger, la perfection.

Mais il existe aussi dans son art minutieux une simplicité monumentale venue de la mémoire des architectures anciennes, des mosaïques byzantines,

des vitraux gothiques, des primitifs italiens. «Il y a comme une parenté éloignée entre eux et ce que je fais; je remonte à eux non pour les copier, mais pour retrouver la tradition, reprendre le mouvement là où la Renaissance l'a interrompu.» Vallonnements, arbres, landes, enclos, et la mer au loin : c'est bien sur les paysages de la Bretagne que s'ouvrent ses sujets religieux où se retrouve la foi profonde des grands imagiers.

Abstrait et moderne à la fois, le *Paysage du Pouldu* résume en quelques lignes toute la puissance de synthèse de Filiger : la mer; sur une colline au loin, une maison; à gauche, des formes étranges – arbres déchiquetés par le vent ou nuages menaçants.

L'effet décoratif des toiles d'Emile Jourdan les distingue immédiatement de celles de Maufra et de Moret. Bien que largement postérieures à l'époque du groupe de Pont-Aven, elles témoignent du même goût, affermi, pour les estampes du Japon : ainsi les sinuosités des vagues au bord des rochers, dans son *Naufrage au sémaphore* (1912, page de gauche, en bas). Jourdan peignait des marines depuis l'âge de seize ans. En 1891, embarqué sur le brick *Dieudonné*, il faisait lui-même naufrage au large de Riga (Lettonie). Il réalisa plusieurs scènes de *Ramasseurs de coquillages*, devant le château du Hénan ou, ici, sur les bords de l'Aven (1927, page de gauche, en haut). Maxime Maufra, dans le *Grand Paysage de Pont-Aven* (1890, en haut, à gauche), est parvenu à concilier le sens de l'observation précise et le souci d'une belle ordonnance générale. Pissarro écrivit à propos de son art : «Ce garçon a du talent, c'est synthétique et observé sur nature.» Quant à Henry Moret, il composa déjà son *Phare de Pen-Men à Groix* (1895, ci-contre) selon un schéma qu'il devait garder par la suite : le paysage est vu de très loin et occupe toute la surface du tableau.

«Allier le style et la nature»

Maxime Maufra est un peintre de vingt-neuf ans lorsqu'il arrive à Pont-Aven en 1890. Né à Nantes, il s'est consacré à la peinture après un début de carrière commerciale qui, l'ayant mené en Angleterre, lui offrit la révélation de l'art de Turner. Amoureux de la nature, mais préoccupé «du tableau et du sujet», c'est-à-dire d'une composition très solide, il trouve – après ses études à Nantes, notamment auprès de Charles Le Roux – un appui

Les dessins d'Henry Moret, croquis ou aquarelles pris sur le vif, sont d'une grande liberté de facture dans leur concision. Ci-dessus, au fusain, une *Lavandière de Pont-Aven* et, à gauche, des *Pêcheuses de crevettes* exécutées à la mine de plomb.

dans la leçon de Gauguin. Son *Grand Paysage de Pont-Aven*, vaste panoramique jouant avec la courbe des collines, son *Pont-Aven au ciel rouge* montrent combien il s'est alors confirmé dans cette tendance. Ses dessins et ses gravures offriront les meilleurs exemples d'une volonté de simplification et d'ordre, en vue d'une belle allure générale. Il dira de lui-même : «Mes tendances personnelles étaient d'allier le style et la nature.»

Il introduisit son ami Gustave Loiseau dans le milieu de Pont-Aven. Grand admirateur de Claude Monet, Loiseau demeure très fidèle à la vision impressionniste, dans une parfaite sincérité : «C'est mon instinct seul qui me guide, et je suis fier de ne ressembler à personne», devait-il dire. Telles de ses natures mortes, aux traits accusés, révèlent toutefois qu'il a attentivement regardé, à certains moments, les œuvres élaborées autour de Gauguin.

Synthèse sur fond d'impressionnisme

Henry Moret, lui aussi, devait retourner à une vision impressionniste de la nature; mais il conservera un souci très vif de rigueur, né pour une part de sa

Si elle est d'inspiration japonaise et fait penser à Hokusaï, *La Vague* de Maxime Maufra (1894, ci-dessus), énorme et «déferlant sous un ciel sinistre», rejoint surtout les préoccupations de Pont-Aven : traduire en quelques formes distinctes et contrastées les éléments principaux du spectacle observé.

Dans l'atelier d'Eugène Delâtre, à Montmartre, Maufra s'initia à la gravure. C'est le même Delâtre qui dessina le *Portrait de Maufra en Bretagne* (page de gauche, en haut), pour la couverture de son recueil de lithographies.

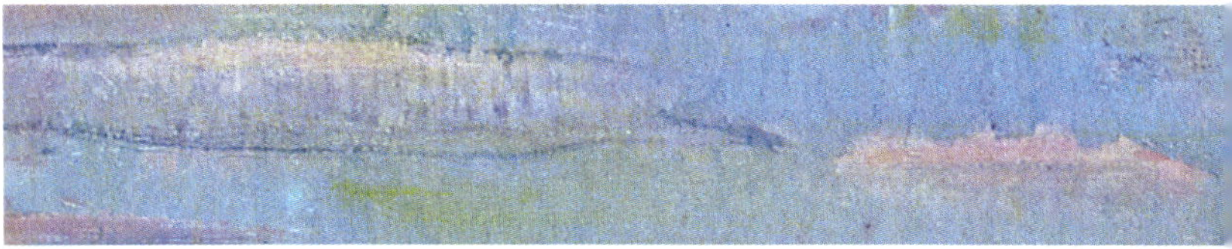

Toujours surélevé, l'horizon confère aux paysages d'Henry Moret toute leur ampleur. Dans son *Ile de Houat* (1893, à gauche), le bleu vif de la mer le souligne. L'attention donnée à la lumière est remarquable, fondée sur l'accord des complémentaires orangé-mauve et rouge-vert. *Le Roulage au Pouldu* (1894, à droite) est également très lumineux. L'étude pour ce tableau, au fusain et au pastel, révèle nettement ce souci primordial, qui rapproche Moret des impressionnistes.

formation académique aux Beaux-Arts de Paris, pour une autre des rencontres de Pont-Aven. Son tableau de l'*Ile de Houat* conjugue la fraîcheur impressionniste, l'intensité de coloration prônée par Gauguin, certain «cloisonnement» venu et de Bernard et de Gauguin. Ainsi les petites maisons serrées autour de l'église se détachent-elles sur un ciel taché de rose. On les voit de loin, le champ doré occupant la plus grande partie de la toile que fait vibrer le bleu vif de la mer à l'horizon. Moret montre la même maîtrise dans la technique de l'aquarelle. Il répartit fréquemment ses taches colorées sur des papiers teintés de beige ou de bleu; le dessin ayant été, lui, effectué au fusain. D'où la force et l'aplomb de chacune de ses compositions.

Un magistrat en rupture de ban

Très différentes sont les œuvres de cet Ernest Ponthier de Chamaillard, qui avait été si impressionné par sa rencontre avec Gauguin au château du Hénan. Ce jeune aristocrate était un véritable «panier percé». Après avoir abandonné la magistrature pour se consacrer à la peinture, il avait contracté de telles dettes que sa famille avait dû faire nommer un administrateur judiciaire pour régler ses nombreux créanciers.

Ses petites aquarelles de 1890 – une suite de paysages – portent la marque la plus naïve de l'attachement aux idées de Pont-Aven sur la synthèse des formes et des couleurs, et par là demeurent émouvantes. Chamaillard sculpta le bois, et le coloria, en compagnie de Gauguin.

Un grand Danois cher à Gauguin

De même que Chamaillard et Emile Jourdan, Maxime Maufra avait raconté sa première rencontre avec Paul Gauguin. C'était à Pont-Aven, à la veille du 14 juillet 1890. Une carriole paysanne venant du Pouldu s'était arrêtée devant l'auberge Gloanec. En étaient descendus Meyer de Haan, Marie Poupée, Sérusier, Filiger et Gauguin. «J'avais entendu parler de lui par mon ami John Flornoy. Ainsi me permis-je de me présenter à lui [...]. On parla art, peinture...» Puis ce fut la fête, et le bal. «Gauguin, grand enfant, joyeux, s'en donna à cœur joie et toute la bande le suivait. J'en fis autant avec un grand Danois, Willumsen, et sa jeune épouse.»

Jens Ferdinand Willumsen avait alors vingt-sept ans. C'est Gauguin qui, le regardant peindre, lui avait adressé le premier

Quel contraste entre ce dessin de Chamaillard, tout épuré et à peine frotté d'aquarelle, qui représente une *Ferme au Pouldu* (en haut de page) et cette *Armoire à suspension avec baigneuses*, sculptée dans le bois, et extrêmement travaillée. Chamaillard créa ainsi plusieurs meubles dont certains devaient être exposés chez le marchand de tableaux Ambroise Vollard en 1910.

la parole. Une grande sympathie naquit entre eux, attestée par les confidences épistolaires de Gauguin. Ainsi ce dernier lui avait-il écrit, dans une lettre non datée qu'il lui avait adressée de Bretagne, qu'il avait l'intention de quitter la France à nouveau vers les tropiques. Cette missive contenait, outre le croquis de deux jeunes Bretons jouant l'un du biniou et l'autre de la bombarde, des esquisses de femmes tahitiennes. Willumsen, de son côté, alla lui rendre visite à Paris, en janvier 1891; il fut de ceux qui allaient assister, deux mois plus tard, au banquet donné en l'honneur de son nouveau départ… pour Tahiti, cette fois. Ses tableaux de Bretagne, de même que ses bois sculptés, montrent des scènes animées de personnages fixés dans leur mouvement.

Peut-être les *Femmes bretonnes marchant* (1890, ci-dessus), de Jens Ferdinand Willumsen, se dirigent-elles à grands pas vers la place au Beurre, où l'on croit déjà entendre le bruit de leurs sabots.

Henry Moret, lorsqu'il rencontra Gauguin en 1886, ne logeait pas à l'hôtel mais louait un atelier chez le maître du port Kerluen, retraité de la marine qui initiait les artistes à l'escrime lorsque ceux-ci étaient las de tenir leurs pinceaux. Le locataire fit le portrait de ce maître d'armes. Et l'atelier fut, plus tard, occupé par Emile Bernard (en 1892) et par Emile Jourdan.

Le plus breton des trois Emile

Emile Jourdan, lors de son arrivée à Pont-Aven en 1888, s'était tourné vers les couleurs claires issues du premier impressionnisme de Gauguin. En cela, il s'était rapproché d'Henry Moret. Mais, bien plus touché que ce dernier par les estampes du Japon, il en tira pour sa propre peinture une inspiration décorative toute nouvelle, à la fois savante et pleine de fraîcheur. Il faut rappeler ici l'intérêt de Gauguin pour les Japonais, sujets de tant de conversations au Pouldu. Emile Jourdan leur emprunta cette transposition des traits en un graphisme ornemental, si perceptible dans l'interprétation des vagues et des rochers de ses nombreuses marines. Comme Paul Sérusier, comme Moret et Filiger, il allait demeurer en Bretagne.

Les couleurs du silence

Wladislaw Slewinski fut entièrement subjugué, lui, par la personnalité et par l'art

Le Garçon à la fleur rouge, de Wladislaw Slewinski, montre à quel point ce peintre polonais fut attentif à l'expression de la vie intérieure de ses modèles. Le choix des couleurs rappelle par ailleurs son admiration pour Gauguin.

de Gauguin. Venu à Paris de sa Pologne natale en 1888, il a alors trente-quatre ans. Sa vie a été jusque-là celle d'un propriétaire terrien aisé. Mais sa fantaisie l'a mené quasiment à la ruine. Aimant depuis longtemps le dessin, il parvient à s'inscrire aux ateliers Julian et Colarossi.

C'est dans le voisinage de Colarossi qu'il fait la connaissance de Gauguin. Leurs destins sont à peu près les mêmes, entre l'aisance passée et la misère présente. Et cette connivence va les réunir. L'effort de Gauguin, sa passion entraînent Slewinski. Il est de ceux pour qui l'exposition Volpini est une révélation.

Cette vue frontale de *La Rue de Concarneau à Pont-Aven* (1892, ci-dessus), telle qu'Emile Jourdan l'avait alors du balcon de son habitation, est originale à double titre : pour sa composition d'abord, en un vaste effet de perspective, et pour la diffusion toute vibrante de son coloris. En haut à gauche, *Pluie à Pont-Aven* (1900).

Ayant définitivement trouvé sa voie, il va peindre aux côtés de celui qu'il nommera son mentor, et le suit en Bretagne en 1890. Wladyslawa Jaworska verra dans son œuvre un «synthétisme d'expression». Il s'agit pour lui, en effet, non seulement de «simplifier» les contours et les traits, mais surtout de faire concourir cette synthèse à une expression particulière de la vie intérieure des êtres et des choses.

Son art offre bien le calme, le silence, quelque paix retrouvée après l'agitation d'autrefois. Il montre aussi le poids, la densité de la matière. Et ses natures mortes se rapprochent ainsi de celles de Meyer de Haan. Gauguin, la Bretagne : Slewinski leur demeurera fidèle. Mis à part un retour de cinq années en Pologne, il vivra jusqu'à la fin au Pouldu, puis à Doëlan, disant lorsqu'il parlait de cette contrée : «Chez nous, en Bretagne»...

«Chez nous, en Bretagne»...

... C'est ce que chacun des artistes ayant alors vécu à Pont-Aven et au Pouldu aurait pu dire après le temps de ce cénacle. Une alliance riche de promesses s'est créée ici, exaltée par la lumière de cette terre.

On ne s'était pas endormi à Paris, durant ces quelque dix-huit mois, ni chez les jeunes nabis, ni chez les écrivains. Gauguin devait s'en apercevoir dès son retour dans la capitale en novembre 1890.

Devant le *Café des Arts* à Pont-Aven, en 1891, on peut voir Chamaillard et Emile Dezaunay de part et d'autre de la serveuse; autour du guéridon, Maufra lisant le journal et William Hunt; au centre, Emile Jourdan, auteur de la *Vieille Bretonne au chapelet*, ci-dessus.

« Je voulais à cette époque tout oser, libérer en quelque sorte la nouvelle génération, puis travailler pour acquérir un peu de talent. La première partie de mon programme a porté ses fruits, aujourd'hui vous pouvez tout oser et qui plus est, personne ne s'en étonnera. »

Paul Gauguin à Maurice Denis,
juin 1899, Tahiti

CHAPITRE V
LA CONSÉCRATION DES IDÉES DE PONT-AVEN

Mauve, vert, or, telle est l'alliance colorée de ce paysage de Sérusier, *Les Lavandières à Bellangenet* (détail à gauche). Les femmes qui avancent, leur sac sur le dos, les différents plans de la scène, la répartition même du coloris, sont marqués par la volonté de simplification. Mais les à-plats de couleurs sont recouverts de fines traînées qui les font chanter doucement. O'Conor a laissé de nombreux dessins de Bretagne, exceptionnels par la nervosité du trait (à droite, son *Paysage du Pouldu*).

Gauguin n'était revenu à Paris en 1890 que durant quatre mois, du début de février au début de juin, essayant de vendre ses tableaux afin de réunir l'argent nécessaire à un nouveau voyage au loin... Il songeait de plus en plus à repartir. «Irrévocablement je vais à Madagascar. J'achète dans la campagne une maison en terre que j'agrandirai moi-même, je planterai et vivrai simplement. Modèle et tout ce qu'il faut pour étudier. Je fonde alors l'atelier des tropiques. Viendra m'y retrouver qui voudra», écrivait-il à Emile Bernard qu'il cherchait à entraîner avec lui, ainsi que

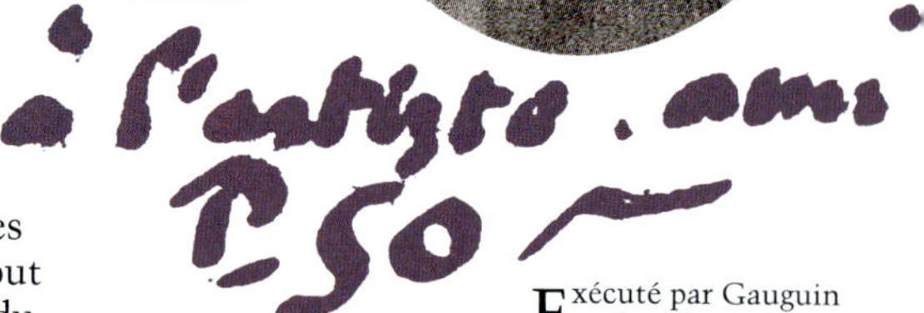

Meyer de Haan, et même Schuffenecker. Mais après avoir eu le temps d'exécuter une étonnante *Eve* en grès émaillé, il était reparti tout aussi désargenté au Pouldu.

Très différent est son second retour dans la capitale, en novembre. C'est que, durant cette année 1890, les jeunes poètes et artistes ont largement regardé ses tableaux, commenté ses idées, évoqué sa personnalité. Aux poètes romantiques s'étaient opposés les parnassiens, hostiles au lyrisme, épris de rigueur et de précision. Aux parnassiens s'opposent maintenant les symbolistes, qui aspirent à l'idéal, et rejoignent ainsi les peintres réunis autour de Gauguin, en qui ils reconnaissent telles de leurs aspirations. Gauguin, lui, s'étonne de s'être, en son absence, acquis tant de vives sympathies.

L'«artiste ami» à qui Gauguin a dédicacé son portrait photographique (ci-dessous) serait Emile Bernard.

Exécuté par Gauguin au Pouldu en septembre 1890, le bois sculpté *Soyez mystérieuses* (en haut, à gauche) fait pendant à un premier, intitulé *Soyez amoureuses, vous serez heureuses*, de l'année précédente. Pour le personnage central, il s'est inspiré de la baigneuse de son tableau *Dans les vagues (Ondine)*, où l'on voit le même nu féminin.

« C'est aussi mon rêve, la terre bretonne», disait, tout jeune encore, Maurice Denis. A partir de 1892, il revient très souvent en Bretagne, et y acquiert une maison à Perros-Guirec. Sa petite *Danse bretonne* (vers 1891, ci-contre) fait penser, dans un registre familier, aux personnages d'Emile Bernard, dont elle rappelle le synthétisme. Mais le dessin des maisons au loin, tout comme celui des arbres, a ce côté énigmatique des formes peintes par les nabis. Ainsi est-il possible, au premier abord, de prendre pour des fumées ces pans de ciel blanc entre les feuillages.

Tant de découvertes...

Les nabis, après la révélation du *Talisman* de Sérusier, après la découverte des tableaux des impressionnistes, puis celle des toiles d'Emile Bernard et de Gauguin au café Volpini, avaient été voir aussi la grande exposition de la Gravure japonaise qui s'était tenue à l'école des Beaux-Arts en avril-mai 1890. Après le choc était venue la réflexion. Quoi de commun, en effet, entre les vifs a-plats colorés, les cernes bleus et noirs des peintres de Pont-Aven, et les virgules frémissantes des impressionnistes, par exemple?

Gauguin déjà songeait à repartir au loin : «Son modèle tahitien est en train d'apparaître avant la lettre», écrit Françoise Cachin en comparant la sculpture sur bois *Soyez mystérieuses* (page de gauche) avec la baigneuse peinte *Dans les vagues*, au printemps 1889. «Le bois ambré et patiné du corps [...] transforme en fille des îles la Bretonne rousse du tableau.»

Si *La Montée au calvaire*, peinte par Maurice Denis en novembre 1889, permet toujours, dans la concision de ses figures, d'évoquer le synthétisme d'Emile Bernard, *La Mer jaune* de Georges Lacombe invite à penser, dans ses éléments décoratifs, à l'art du Japon. Quant à Vuillard, il se montre, en 1892 dans ses *Couturières*, un coloriste exalté, et semble tailler les formes à même les tissus.

Paul Sérusier, présent en Bretagne aux côtés de Gauguin, s'était fait l'annonciateur et l'interprète de ses idées. Maurice Denis en était devenu, par la plume comme par la parole, le héraut. Il allait, avec un sens extrême des mots, donner du tableau une notion désormais célèbre : «Se rappeler qu'un tableau, avant d'être un cheval de bataille, une femme nue ou une quelconque anecdote, est essentiellement une surface plane recouverte de couleurs en un certain ordre assemblées.» Le principe commun était «d'exalter la couleur et de simplifier la forme». «S'il était permis de peindre en vermillon

Si l'idée du *Triptyque de Pont-Aven* a été probablement inspirée à Sérusier par le grand tableau *Inter artes et naturam* de Puvis de Chavannes, exposé à Paris en 1890, doit-on, cependant, y voir une allégorie, et laquelle ?

cet arbre qui nous avait paru, à tel instant, très roux, pourquoi ne pas traduire plastiquement en les exagérant ces impressions qui justifient les métaphores des poètes : affirmer jusqu'à la déformation la courbure d'une belle épaule, outrer la blancheur nacrée d'une carnation, raidir la symétrie d'une ramure que n'agite aucun vent ? » Exagérer, affirmer, outrer : on a ici, en application, tous les caractères de la peinture de Pont-Aven au moment de ce qu'il est permis d'appeler – avec les nabis –, ses nouveaux débuts.

Le paysage en trois volets où se reconnaît l'anse du Pouldu, avec la mer, les dunes de sable au loin, est idyllique. Six jeunes femmes y sont installées. C'est la cueillette des pommes, dans une sorte de paix de l'âge d'or. Les couleurs primaires, bien cernées et savamment réparties en vifs a-plats, y jouent une lumineuse et moderne symphonie que vient encore rythmer la découpe en arrondis de ce paravent.

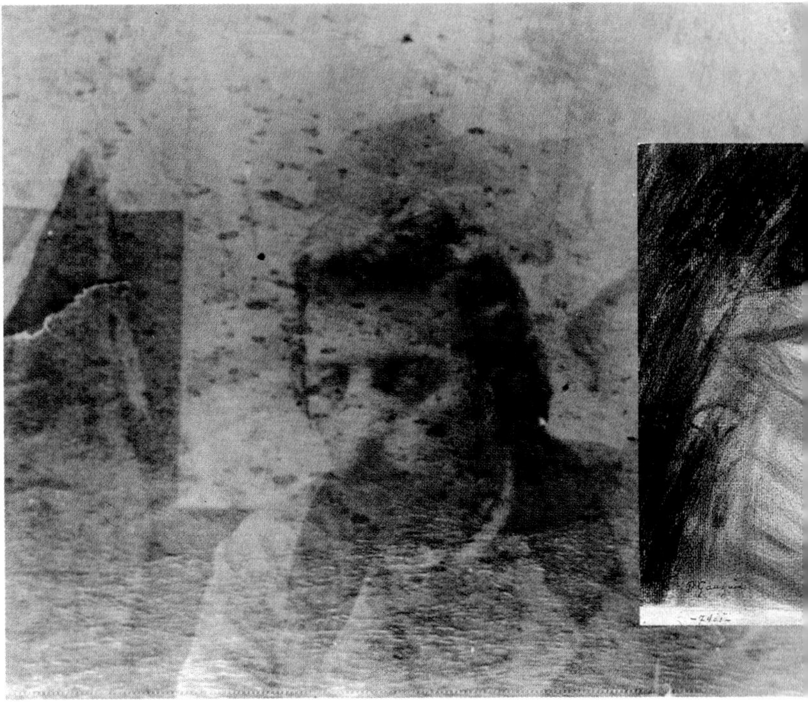

Premier départ de Gauguin pour Tahiti

Grande sympathie, donc, pour Gauguin. Mais il pense toujours à son départ, non plus pour Madagascar, mais pour Tahiti. Le mieux, pour l'argent, serait une grande vente bien organisée à l'hôtel Drouot. Octave Mirbeau va écrire un article plein de ferveur, qui en assurera la réussite. Un banquet présidé par Mallarmé sera donné en son honneur le 23 mars 1891 au café Voltaire : Gauguin, qui était allé saluer sa famille à Copenhague, quitte la France au tout début d'avril.

Avant son départ pour Tahiti, il avait pu lire dans le *Mercure de France* de mars 1891 un long article d'Albert Aurier intitulé «Le Symbolisme en peinture. Paul Gauguin». Cinq ans après le *Manifeste du symbolisme* de Jean Moréas, il apparaissait comme le texte fondateur du nouveau mouvement en peinture et s'appuyait sur une description poétique de

Paul Gauguin a été photographié plusieurs fois par le peintre Boutet de Monvel. Cette photographie a été prise le 13 février 1891, quelques semaines avant le départ pour Tahiti. Gauguin, dans un beau vêtement au col de velours, y a l'air grave.

La Vision après le sermon. Mais la notion de l'œuvre d'art selon Aurier revêtait une trop nette tendance mystico-littéraire.

Si l'étincelle jaillie à Pont-Aven en 1888 avait au cours des trois années suivantes embrasé la jeune peinture à Paris, si elle avait excité tant d'idées aussi chez les nouveaux poètes et critiques, qu'étaient devenus après 1891 les protagonistes et les premiers adeptes du mouvement éclos en Cornouaille?

Nostalgie du Bois d'Amour? Le dessin ci-dessous, *La Fin d'une idylle à Pont-Aven*, est attribué à Emile Bernard.

Durant son séjour à Paris, au début de 1891, Gauguin a fait une illustration pour le frontispice de *Madame la Mort*, pièce de théâtre de Rachilde, l'épouse d'Alfred Vallette, fondateur et directeur du *Mercure de France*. Elle légua ce dessin réalisé au fusain (au centre) au Louvre.

La flamme entretenue

Albert Aurier, dans son article sur «Le Symbolisme en peinture», n'avait pas même cité le nom d'Emile Bernard. Ce dernier, très atteint, avait alors rompu définitivement avec Gauguin. La vente des tableaux de celui-ci à Drouot le 23 février fut peut-être le théâtre de cette rupture.

Il ne faut pas oublier le rôle que Bernard avait joué auprès de tous ses amis écrivains. C'est lui qui avait, notamment auprès d'Aurier, préparé le terrain pour l'accueil que tous avaient réservé à Gauguin, comme il avait largement contribué à faire comprendre Van Gogh, dont il allait organiser la première exposition rétrospective en France à la galerie Le Barc de Boutteville.

Certes, il retourna à Pont-Aven en 1892, demeurant chez le maître de port Kerluen, se lia avec Armand Seguin, logé, lui, à l'hôtel Julia. Et ce fut l'occasion de nouveaux tableaux importants. Ce séjour en Bretagne semble l'avoir, un moment, apaisé. Il y retrouva auprès de son amie Maria – qui l'aidait dans ses créations de tapisserie – une fraîcheur et une vivacité étonnantes. De cette année datent des paysages comme *La Rue rose à Pont-Aven* ou *Pont-Aven vu du Bois d'Amour*. Et des compositions à figures : les *Bretonnes sortant de l'église*, les *Bretonnes contre un mur*, les *Bretonnes aux parapluies*, les *Bretonnes aux ombrelles*. Autant de prétextes pour marquer l'effet décoratif des coiffes et des costumes, souligné encore par le rythme de ces parasols. Ce sont ses dernières toiles véritablement synthétistes. Puis, après des voyages en Italie et en Espagne, il partit durant de longues années pour l'Orient.

Charles Laval devait lui aussi quitter la France pour l'Egypte, en compagnie de Madeleine Bernard, sœur

du peintre. Il allait mourir de la tuberculose en 1894. Jacob Meyer de Haan, retiré en Hollande, mourra à Amsterdam en 1895 après avoir légué ses peintures à Marie Henry dont il avait eu une fille.

Mais la flamme cependant était soigneusement entretenue à Pont-Aven et au Pouldu.

Les *Bretonnes aux ombrelles* (1892, page de gauche) rappellent les femmes assises, le hiératisme des figures et l'étrange calme du *Dimanche à la Grande-Jatte*. Mais à la «polychrome cohue de taches minimes» de Seurat, Emile Bernard oppose ses couleurs vigoureuses, soigneusement délimitées par des lignes décoratives : c'est ici l'un de ses plus beaux tableaux de Bretagne, et l'un des derniers de sa période rigoureusement synthétiste. Ci-dessous sa *Rue rose*, de la même année 1892.

Le nabi obéliscal

Peu avant son départ, Gauguin avait fait la connaissance du jeune peintre hollandais Jan Verkade qui venait d'arriver à Paris, et lui avait été présenté par Meyer de Haan. Verkade fut de ceux qui assistèrent au banquet du 23 mars et il y avait rencontré le peintre danois Mögens Ballin dont on ne pourra plus guère le séparer tant seront proches leurs itinéraires. Paul Sérusier leur conseilla la Bretagne. C'est ainsi qu'ils partirent dès le mois

d'avril pour Pont-Aven. Là ils rencontrèrent Chamaillard et Armand Seguin, ami des nabis depuis 1889. Puis Sérusier, qui les avait rejoints à Pont-Aven, les entraîna bientôt à

Huelgoat, où ils retrouvèrent le peintre céramiste Georges-Joseph Rasetti.

«Au début de juin, Sérusier, Ballin et moi, quittâmes le charmant village de Pont-Aven. Vers le coucher du soleil, nous atteignîmes Huelgoat. A notre grande surprise nous rencontrâmes, à l'auberge où nous étions descendus, un ami de Paris, le peintre Rasetti», écrira Verkade. Ils s'installèrent ensuite jusqu'en octobre à l'auberge de Marie Henry au Pouldu : là ils trouvèrent Maxime Maufra et Charles Filiger.

Le *Saint Sébastien* de Jan Verkade (1892, page de gauche) montre bien l'intérêt que ce peintre éprouva pour l'art de Filiger, dont on retrouve ici nombre de caractères. Et d'abord l'installation d'une figure toute mystique dans un paysage composé de formes et de lignes abstraites. Verkade, que sa haute taille avait fait surnommer le nabi obéliscal, aima aussi, comme Sérusier, montrer l'allure et le recueillement des Bretonnes cheminant dans la campagne. Longtemps sa *Ferme au Pouldu* (ci-dessus) passa pour un Gauguin. Dans ce paysage dialoguent les verts et les roses. C'est la joie du printemps en Bretagne qui éclate, malgré le resserrement de la scène où l'on ne découvre aucune ouverture sur l'horizon.

La rudesse des contours et la subtilité des âmes

Le «maître» parti, c'est bien Sérusier qui devait leur révéler le synthétisme de Pont-Aven, que telle rudesse des contours, telle interprétation abstraite de la nature permettent d'évoquer à leur sujet. Cependant, le travail effectué en commun avec Charles Filiger est très révélateur d'un nouvel apport : le raffinement progressif des lignes, l'adoucissement des tons. Autant de traits correspondant de mieux en mieux à leur âme de mystiques.

Verkade, qui appartenait à une secte mennonite, était en pleine évolution spirituelle. Certain qu'une œuvre d'art de valeur ne peut être conçue en dehors

Horizons haut relevés, contours soulignés d'un trait foncé, souvent bleu, tels sont les signes distinctifs des toiles de Pont-Aven. Mais il existe chez Mögens Ballin une ondulation, toute une sinuosité qui lui est propre, comme dans son *Eglise de Saint-Nolff*. Il y a là une interprétation abstraite de la nature, qui en accentue dans le même temps les caractères.

d'une profonde foi religieuse, passionné mais également insatisfait par la lecture des *Grands Initiés* d'Edouard Schuré, il s'était rapproché de la foi catholique. Etabli dans le village de Saint-Nolff au début de l'été 1892, il se fit baptiser à Vannes,

en août, devint moine en 1894 dans le monastère bénédictin de Beuron, en Allemagne.

Mögens Ballin, d'ascendance juive, partageait la même inquiétude d'un nouvel engagement religieux et suivait une évolution semblable; il reçut le baptême en Italie au monastère de Fiesole, à la fin de la même année. Puis il s'en retourna à Copenhague, pour exercer la profession d'orfèvre, et y faire connaître l'art de ses amis français.

A côté des sinuosités et des ondulations très marquées de ses tableaux, le trait de Ballin, dans ses dessins, paraît beaucoup plus calme, surtout dans ses visages. Ceux-ci sont emprunts d'une sorte de douceur, et leur regard se perd au loin ou se fige dans la contemplation, rappelant l'âme mystique de leur auteur (à gauche, une *Femme à la coiffe* et ci-dessous *Pater Pecavi*).

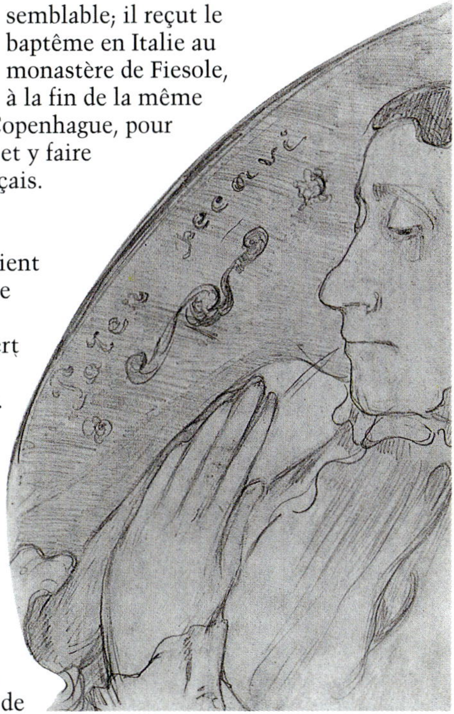

D'autres artistes étrangers

Après le départ de Gauguin étaient venus également en Bretagne de nombreux autres artistes étrangers. Parmi ceux-ci : Robert Bevan, Eric Forbes-Robertson, Roderic O'Conor, Cuno Amiet.

O'Conor, descendant de l'une des plus anciennes familles irlandaises, avait d'abord étudié l'art à Dublin, puis à l'académie d'Anvers. En 1888-1889, il était à Grez-sur-Loing, et exposa cette année-là au Salon des indépendants. C'est en 1891 qu'il s'établit en Bretagne et devint vite un ami de

Seguin, Filiger, Slewinski et Chamaillard. Il rencontra Gauguin en 1894 à Pont-Aven. Grand admirateur de l'art de Van Gogh, dont il se rapproche par le tempérament expressif, il allait donner à ses paysages et à ses marines une intensité, une sorte de véhémence que l'on retrouve dans ses admirables gravures. Doué d'une forte personnalité, il devait séduire les écrivains et les peintres qui le connurent comme Arnold Bennett, Clive Bell, Somerset

Maugham, Modigliani ou Dunoyer de Segonzac.

Le Suisse Cuno Amiet, élève chez Julian à Paris en 1888-1889, était arrivé à Pont-Aven en mai 1892. Il découvrit, sur les murs de l'auberge Gloanec, les tableaux de Moret, Laval et Gauguin. S'il rencontra Sérusier, Moret et Bernard, il se lia surtout avec Seguin et O'Conor. Les principes de Pont-Aven,

Dans sa *Fileuse bretonne*, Cuno Amiet montre, comme l'écrit Denise Delouche, «son souci d'exprimer fortement l'identité humaine de cette paysanne; «le visage rude et les mains noueuses, traduits par un puissant modelé très simplifié et une couleur forte, disent la vieillesse, la dureté d'une vie et l'âpreté du tempérament, le primitivisme de l'être.»

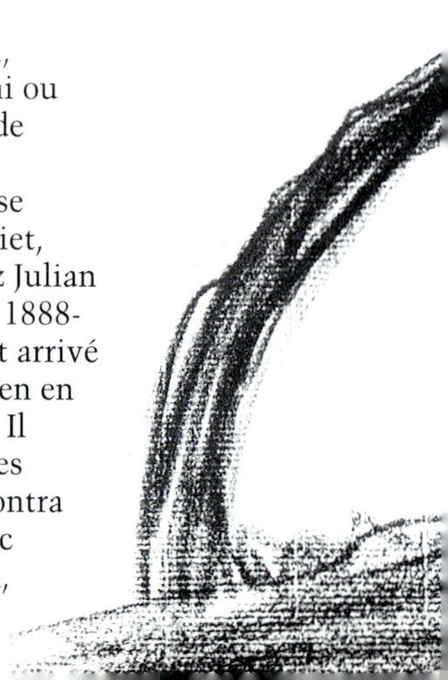

Comme ses gravures, les dessins de Roderic O'Conor – tel cet *Arbre du Pouldu* – possèdent une force et une intensité remarquables. A tel point qu'ils paraissent être agités par le vent. Dans son tableau *Marée montante* (ci-dessous) s'observe la même puissance : une égale vigueur lui permet de traduire le soulèvement des forces élémentaires.

Isolée sur un promontoire d'où elle dominait la mer, la *Maison du pendu* a été représentée par Gauguin, Filiger, Sérusier, Seguin ou O'Conor (page de gauche, en bas), tous frappés par son aspect quelque peu fantastique.

où il demeura jusqu'en juin 1893, devaient l'aider à s'affranchir du réalisme et à progresser dans sa tendance expressionniste.

Ultime séjour de Gauguin en Bretagne

Lorsque Gauguin, après son retour de Tahiti, en août 1893,

arriva à Paris, il reprit d'abord contact avec tous les artistes et écrivains qui l'admiraient depuis plusieurs années, et qui se rendirent à sa nouvelle exposition organisée par Durand-Ruel sur les conseils de Degas.

Seguin, photographié ici vers 1901 à Chateaulin, où il avait rejoint Chamaillard, travaillait alors à l'illustration de *Gaspard de la nuit* d'Aloysius Bertrand, qui allait être publié en 1904 par Ambroise Vollard.

Il s'installa en janvier 1894 dans un petit appartement au 6, rue Vercingétorix. Sur les murs peints par lui en jaune de chrome, il accrocha non seulement ses propres tableaux, mais encore ses toiles de Van Gogh et de Cézanne. Là, il reçut ses amis et, parmi eux, les nouveaux nabis qui accompagnaient Sérusier, comme le Hongrois Rippl-Ronaï ou Georges Lacombe.

Les tableaux de ce dernier, qui depuis 1888 passait ses étés à Camaret, s'inspiraient alors de l'esprit de Pont-Aven. Son goût pour la sculpture sur bois fut encore avivé par cette rencontre avec Gauguin, qui partit pour un

Armand Seguin a gravé sur bois avec beaucoup de délicatesse le visage d'une *Bretonne de Pont-Aven* (page de gauche), figure pleine de mélancolie mise en lumière dans un décor de jardin fleuri. Beaucoup de caractère aussi dans cette figure de *Mendiant* ou *Pêcheur breton*, qu'il a réalisée à l'eau-forte et à l'aquatinte et dédicacée à Roderic O'Conor.

dernier séjour en Bretagne, de mai à novembre 1894. Gauguin vit bien que de nombreux peintres y avaient travaillé ou y œuvraient toujours, en pleine sympathie avec lui. Reçu au Pouldu par Slewinski, il rencontra longuement à Pont-Aven Armand Seguin et O'Conor, qu'il voyait l'un et l'autre pour la première fois.

Seguin, après un bref passage à l'Ecole des arts décoratifs où il rencontra Louis Roy et Henri-Gabriel Ibels, très impressionné par l'exposition du café Volpini, s'était rendu dès 1891 à Pont-Aven et au Pouldu. Il s'intégra à tous les «révolutionnaires». Subjugué par la personnalité de Gauguin, il devait montrer pour lui une telle admiration et un tel dévouement que celui-ci songea même à l'emmener avec lui, tout comme O'Conor, lors de son second départ pour les tropiques.

Seguin, obligé pour vivre de livrer nombre de dessins et de gravures à des éditeurs, n'eut guère le temps de donner libre cours à son violent désir de peindre. Soutenu d'abord par Chamaillard, puis par O'Conor et Sérusier, il mourut à trente-quatre ans de la tuberculose.

Les profils sévères, taillés dans les rochers, noires effigies de légendes, semblent monter la garde à l'entrée du *Gouffre* du Vorhorr, à Camaret ; cependant que l'écume dans les creux dessine ses broderies. Ce tableau de Georges Lacombe fut souvent rapproché de la *Marine avec vache* de Gauguin.

Emile Dezaunay, comme son ami Maxime Maufra, avec qui il s'était installé en 1890 à la pension Gloanec, aimait la gravure en couleur. Il réalisa quelques belles aquatintes dans un style parfaitement synthétiste, tel le *Jour de pardon* (ci-contre). La *Bretonne en noir* (à droite) d'Henri Delavallée ou les *Deux Cygnes survolant la mer* d'Armand Seguin (ci-dessous) dénotent une même inspiration japonisante.

Ce même été 1894, Gauguin rendit visite à Filiger, installé à Kersulé depuis que Marie Henry avait quitté le Pouldu. De cet ultime séjour breton datent notamment ses *Deux Bretonnes sur la route* et sa *Petite Fille en jaune.*

Le rayonnement

Par le rayonnement dans leur pays de ces artistes étrangers, par le lien qu'avaient su établir Emile Bernard et Paul Sérusier entre Pont-Aven, le Pouldu et les nabis à Paris, grâce enfin à Maurice Denis et aux peintres qui demeurèrent fidèles à cette terre, la Bretagne allait être active longtemps encore dans l'histoire de la peinture moderne.

Tout se résume dans cette idée très simple, dans cette prise de conscience très aiguë que la peinture n'est pas une copie de la nature, que le tableau – surface plane – vit d'une vie distincte de la vie. Au peintre, alors, de rendre vivant son tableau, de le rendre aussi expressif que possible par l'agencement des lignes, par le choix des couleurs. De quitter ici toute volonté de description

précise et de tendre, comme en musique, à une composition harmonieuse.

Confluence

Au moment où Gauguin et ses amis de Pont-Aven et du Pouldu, de même que les nabis, songeaient à ce retour à la pensée et à l'idéal, Paul Valéry, en avril 1891, avait fait part à Mallarmé de «rêveries esthétiques» parallèles. A Valéry s'imposait alors «la conception suprême d'une haute symphonie, unissant le monde qui nous entoure au monde qui nous hante, construite selon une rigoureuse architectonique,

Peintes à Pont-Aven et datées de 1894, les *Deux Bretonnes sur la route* font songer à quelque réminiscence océanienne. *La Femme aux figues* (1894) est une eau-forte de Gauguin, avec lavis sur zinc. Le monotype *Aimez-vous les uns les autres* (1894) témoigne de l'humour que Gauguin se plaisait à introduire au travers de la gent animale.

La Nuit de Noël (ci-contre) est un tableau de Gauguin très composite. Si le clocher est à coup sûr celui de Pont-Aven, et si le calvaire est bien breton, le profil très particulier des bœufs lui aurait été inspiré par le dessin d'une fresque égyptienne dont il possédait une reproduction. On retrouve ces éléments dans une gravure tardive sur bois, faite à Tahiti. Exécutée en Bretagne ou à... Tahiti, la toile est empreinte d'une grande nostalgie.

arrêtant des types simplifiés sur fond d'or et d'azur, et libérant le poète – des descriptions inanimées»... Les impressionnistes avaient délivré la peinture de la hiérarchie des sujets, les plus nobles étant autrefois les sujets tirés de la Bible, de l'histoire ou de la mythologie. Ils l'avaient délivrée en leur temps des couleurs sombres. Ils avaient su donner un admirable éclat à leur chant du monde. Mais, semblant s'arrêter à la description, si belle soit-elle, des spectacles qu'ils avaient sous les yeux, ils avaient paru oublier le monde du rêve et de l'imagination. Le conflit, en peinture, entre l'art et la nature, entre l'imitation et l'invention, devait alors prendre toute son acuité, d'autant plus que la photographie, mal comprise par les peintres académiques, incitait ces derniers à rivaliser de ressemblance avec le réel.

C'est un débat toujours actuel

Jusqu'où le peintre peut-il aller dans la seule expression de son monde intérieur ? Jusqu'à quel

La Chapelle de Lanriot au clair de lune, peinte poétiquement par Emile Jourdan en 1926, témoigne de sa fidélité à une terre qui était la sienne, et à une conception de la peinture en lignes et en couleurs simplifiées, née des idées de l'«école de Pont-Aven» plus de trente ans auparavant. Permanence et métamorphose... Grâce à la liberté éclose dans le climat de quête spirituelle de la Bretagne, l'art de peindre avait, entre-temps, connu d'autres courants fort importants, que les nabis – ces prophètes de Gauguin – avaient largement contribué à faire naître. L'étincelle de Pont-Aven avait embrasé le champ de la peinture et donné naissance à l'art moderne.

Terre bretonne et *La Marchande de bonbons* (1895 et 1894, détails) sont deux lithographies de Paul Sérusier. En page 128, une porte d'atelier à Pont-Aven vers 1900.

point peut-il se séparer du monde qui l'entoure?... La technique, par ailleurs, n'est évidemment pas un but en soi; tout système n'a de valeur qu'en tant que moyen : «Ce n'est pas le système qui constitue le génie», écrivit Gauguin dans l'un de ses derniers textes. Seule compte finalement la puissance de l'individu; et sa liberté, à l'intérieur même d'un groupe. Ainsi avait-il écrit au même moment à Daniel de Monfreid, et c'était six mois avant sa mort : «Vous connaissez depuis longtemps ce que j'ai voulu établir : le droit de tout oser. Les peintres qui, aujourd'hui, profitent de cette liberté, me doivent quelque chose.»

TÉMOIGNAGES ET DOCUMENTS

«Cette Ecole de Pont-Aven,
qui aura remué autant d'idées,
influencé autant d'artistes que, naguère,
l'Ecole de Fontainebleau»
Maurice Denis

Qui parle d'«Ecole» fait couler l'encre...

Y eut-il un maître? Lequel? Qui furent ses disciples, plus ou moins dociles? Enseigna-t-il? Et quelle doctrine? On tergiversa, parlant de «groupe» ou de «cercle». Mais alors restait la querelle du lieu : Pont-Aven, Le Pouldu? Et pourquoi pas Paris, où s'épanouit le mouvement des nabis? Qu'importe! Avec Gauguin proclamons haut et fort : «Vive la sintaize!»

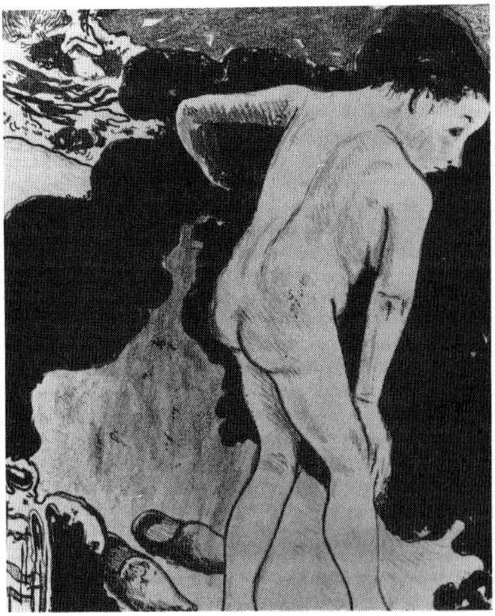

Baigneuses bretonnes, zincographie de Paul Gauguin.

«Une ébauche annonce un maître»

Même si Gauguin s'est défendu du rôle de chef d'école, nul ne peut lui contester celui de maître. La lettre qu'il adressa de Bretagne à son ami le peintre Willumsen atteste l'élévation de ses soucis esthétiques, en même temps qu'un humour indubitable. Retrouvée par le peintre Madvig, elle fut publiée dans le numéro du 15 mai 1918 de la revue Les Marges. *Dans l'extrait que nous publions ci-dessous, il est amplement question de Rembrandt, sujet dont il avait tant et tant de fois débattu avec Vincent Van Gogh.*

Cher Monsieur,
Votre lettre m'a bien surpris, non pas en ce qu'elle renferme, mais par cela même que vous avez pensé à l'écriture. J'ai eu tellement à souffrir du Danemark et des Danois, que j'ai toujours conservé à leur égard une méfiance instinctive. Aussi, à Pont-Aven, j'ai été aimable avec l'artiste parce que vous l'êtes, et non avec le Danois dont je me méfiais. [...]

Ceci établi, causons en bons amis. Vous êtes heureux de votre voyage en Hollande, et sur toutes vos appréciations de maîtres hollandais, je ne veux vous parler, si ce n'est sur Rembrandt et Hals. Nous autres Français, nous le connaissons peu : il me semble pourtant que la vie dans ses portraits se manifeste avec trop d'éclat pour les choses extérieures traitées habilement (trop habilement peut-être). Je vous conseille alors de bien voir au Louvre les portraits du père Ingres. Chez ce maître français, vous trouvez la vie intérieure; cette froideur apparente qu'on lui reproche cache une chaleur intense, une passion violente. Il y a, en outre, chez Ingres, un amour des lignes d'ensemble qui est grandiose, et une recherche de la beauté dans sa véritable essence, la forme. [...]

Rembrandt, celui-là, je le connais à fond. Rembrandt, un lion redoutable qui a tout osé. *La Ronde de nuit*, réputée chef-d'œuvre, est en effet d'un ordre inférieur, et je comprends que vous le jugiez mal d'après cela. Tous les maîtres ont des faiblesses et justement ces faiblesses passent pour des chefs-d'œuvre, ils les font du reste comme hommage à la foule pour prouver qu'ils savent. Sacrifice à la science! L'émotion disparaît du coup. En pareille occasion d'un sang bouillonnant vous en refroidissez la lave et vous en faites une pierre. Fût-elle un rubis, rejetez-la loin de vous. Mais la foule aime les rubis. Pour moi il n'y a pas de chef-d'œuvre, si ce n'est l'œuvre totale. Une ébauche annonce un maître. Et ce maître est de premier ou deuxième ordre. Vous verrez au Louvre des Rembrandt tout petits. Tels *Le Bon Samaritain*, le *Tobie*! Connaissez-vous des eaux-fortes de Rembrandt, telle le *Saint Jérôme*, inachevé bien exprès, je le crois, un paysage comme on les rêve, un lion, un vrai lion pas empaillé qui rugit et domine. Dans un coin blanc, une indication de *Saint Jérôme lisant*. A toutes choses Rembrandt a touché avec une griffe puissante et personnelle, il y a mis un mysticisme qui atteint les plus

REVUE ENCYCLOPÉDIQUE 477

478 LITTÉRATURE ET BEAUX-ARTS 479

En avril 1892, Albert Aurier publiait dans la *Revue encyclopédique* un article intitulé «Les Symbolistes», illustré notamment d'œuvres de Bonnard, Bernard, Gauguin et Sérusier (ci-dessus). «L'initiateur incontestable de ce mouvement artistique – peut-être, un jour, pourra-t-on dire de cette renaissance – fut Paul Gauguin, écrivait-il. A la fois peintre, sculpteur sur bois, ornemaniste, céramiste, il a, un des premiers, explicitement affirmé la nécessité de la simplification des modes expressifs, la légitimité de la recherche d'effets autres que les effets de la servile imitation des matérialistes, le droit, pour l'artiste, de se préoccuper du spirituel et de l'intangible.»

hauts faîtes de l'imagination humaine. Et j'admire chez lui ce grand cerveau. J'estime que l'artiste tombe toujours dans les excès de la prétendue science de la facture. Le noble et le simple, et toutes les plus grandes souplesses du pinceau, ne peuvent que nuire à une œuvre imaginative en rappelant *la matière*. N'est vraiment grand artiste que celui qui peut appliquer heureusement ses préceptes les plus abstraits, et cela le plus simplement. Ecoutez la musique de Haendel! Vous avez raison de dire que nous sommes un peu parents. Nous acquérons la force d'accomplir notre œuvre avec le temps, si nous apprenons à nous reconnaître et nous grouper comme les disciples d'une religion nouvelle, et si nous fortifions notre foi par une mutuelle affection.

Quant à moi, ma résolution est prise, je vais aller quelques temps à Tahiti, une petite île de l'Océanie où la vie matérielle peut se passer d'*Argent*.

Paul Gauguin,
lettre à Willumsen,
in Les Marges, 15 mai 1918

Impressionnisme, Néo-Traditionnisme, Symbolisme et Synthétisme

Maurice Denis, le nabi aux belles icônes, expose en 1934, dans un numéro de La Gazette des Beaux-Arts *consacré à «Gauguin et ses amis, l'Ecole de Pont-Aven et l'Académie Julian», comment, depuis leur gargotte du passage Brady, les nabis percevaient les audaces novatrices élaborées par Gauguin et Bernard dans leur laboratoire breton.*

Le nom d'Impressionniste, s'il n'a jamais été accepté des artistes qu'il désigne, a le grand avantage d'être universellement admis et devenu d'usage courant. Il en va tout autrement de celui de Symbolisme,

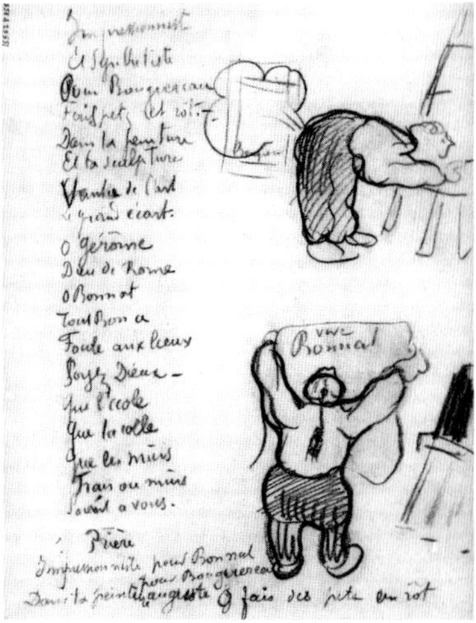

Attribué tantôt à Gauguin tantôt à Bernard, le dessin charge ci-dessus est accompagné d'un poème raillant les peintres académiques.

appliqué à une époque de la peinture moderne, avec non moins d'inexactitude, et qui n'est plus guère employé, ni compris. Dans le temps que Gauguin écrivait sur un pot de grès, au Pouldu, l'inscription ironique : Sintaize, l'appellation de Synthétisme semblait avoir toutes les chances de prévaloir. Celle de Néo-Traditionnisme, que je proposais dans mon premier article d'«Art et Critique» en 1890, s'opposait symétriquement à celle de Néo-Impressionnisme. Elle voulait signifier la nouveauté de nos idées et le retour à une tradition, tendance que, plus tard, en parlant de Cézanne, de Van Gogh et de Gauguin, je montrais orientée «vers un nouvel ordre classique». [...]

Le Pouldu a été pour Gauguin, comme l'a dit Charles Chassé, un Tahiti français : c'est là, chez Marie Henry, devenue depuis Mme Mothéré, auprès de Meyer de Haan, de Laval, de Sérusier, de Filiger et de Séguin, auxquels il est juste d'adjoindre Maufra et Moret, restés fidèles à l'impressionnisme, c'est là qu'il a joué le rôle de chef d'école, quoiqu'il s'en défendît, bien sûr, avec la rosserie ironique que comportaient son caractère et son époque. Gauguin est arrivé au Pouldu dès le début de l'été de 1889, dans le temps de l'exposition Volpini. Et toute sa vie il a gardé le meilleur souvenir du séjour qu'il y fit, et de son existence laborieuse, coupée de paradoxes et de sérieux bavardages.

Mais je préfère le situer en 1888 à Pont-Aven, chez la mère Gloanec, au moment où sa peinture se transforme, où sa personnalité, sans doute aidée par quelques théories, s'affirme définitivement. Pont-Aven, la ville des moulins et des belles filles; son bois d'amour et sa rivière semée de rochers pittoresques, maintenant déshonorée par les bâtisses industrielles, Pont-Aven attirait les peintres, et surtout les élèves de l'Académie Julian.

Gauguin y était venu en 1886, puis il avait été avec Laval à la Martinique. Il y revenait en 1888, ayant rapporté de son voyage aux Antilles des œuvres déjà évoluées. Bernard arrive à son tour, venant à pied de Saint-Briac. Il a vingt ans; il apporte du nouveau; il connaît Lautrec, Anquetin, et surtout Van Gogh, qu'il a rencontrés à l'atelier Cormon. Il n'ignore rien du symbolisme littéraire. C'est un esprit cultivé, audacieux, avide de nouveautés. Ami, puis ennemi de Gauguin, il aura joué autour de lui un rôle considérable, et Roger Marx dira du «petit Bernard» qu'il fut le père du symbolisme.

Maurice Denis,
in *La Gazette des Beaux-Arts*, mars 1934

Maurice Denis dans son atelier vers 1900.

Comment Emile Bernard prêta à Gauguin son tube de bleu de Prusse

Ecrites par Emile Bernard dans ses Souvenirs *et reprises par Charles Chassé dans son* Gauguin et le groupe de Pont-Aven, *ces réflexions un peu amères rappellent une antique histoire de plat de lentilles, mais ramènent surtout au jugement de Verkade qui, parlant de Gauguin et Bernard, disait que «l'un avait été pour l'autre élève et maître».*

Le Pardon de Pont-Aven venait d'avoir lieu et j'avais peint, me servant comme thème du costume local, une prairie ensoleillée, de parti pris jaune, historiée de coiffes bretonnes et de groupes noir-bleu. De ce tableau, Gauguin partit et fit *La Vision du Sermon*, tableau dans lequel les coiffes forment également le motif principal. Il découpa son avant-plan sur un fond de parti pris tout rouge où deux lutteurs, empruntés à un album japonais, furent dévolus à représenter une vision... 1888... Gauguin me questionne pour savoir comment j'avais obtenu mes noirs; je lui dis que je les avais tirés du bleu de Prusse; comme sa palette était dépourvue de cette couleur, il me l'emprunta et tira les siens du même produit, les blancs étant des composés de ce même bleu... Ce tableau à teintes plates tranchait comme une négation sur les œuvres précédentes de Paul Gauguin; il se rapprochait jusqu'à la ressemblance de mes *Bretonnes dans la prairie*... Un an plus tard, j'exposai mes *Bretonnes dans la prairie* et différents tableaux antérieurs. On me traita de plagiaire et d'élève de Gauguin.

Emile Bernard

«Apôtre et doctrinaire», Paul Sérusier

Celui qui, voyant partir Gauguin vers les tropiques, Bernard vers sa famille et Meyer de Haan vers sa Hollande natale, se désignait lui-même comme leur «exécuteur testamentaire», écrivit vers 1918 à Charles Chassé :

L'école de Pont-Aven ne fut pas, comme on pourrait le croire, une école consistant en un maître entouré d'élèves; c'étaient des indépendants qui apportaient en commun leurs idées personnelles et surtout la haine de l'enseignement officiel.

«Quand on a tant de disciples indubitables», constate le premier historien du «groupe»

Recueillant autant de témoignages directs qu'il le pouvait, Charles Chassé publia, en 1921, Gauguin et le groupe de Pont-Aven. *Emerveillé par «le rayonnement intellectuel qui, à cette époque, illuminait la frêle auberge des Grands-Sables», et cherchant à déterminer l'influence réelle de Gauguin sur d'autres peintres, il conclut : «Quand on a tant de disciples indubitables, on est bien près d'être chef d'école, même si cette école se pique d'être frondeuse et tant soit peu buissonnière.»*

On peut imaginer quel Eldorado esthétique formait cette ruche pour de jeunes artistes adorant leur métier et dégagés des luttes déprimantes de la vie. Discussions académiques, recherches techniques, théories curieuses et paradoxales, nouvelles des sphères artistiques, projets de voyages, échanges d'œuvres y entretenaient une atmosphère spirituelle pure, délicieuse et bienfaisante. Aucun domaine de la pensée n'échappait à leurs investigations, mais naturellement celui de la peinture avait une préférence. [...]

Gauguin exposait aussi à ses amis et élèves les principes de son credo pictural. Il leur répétait les axiomes qui lui étaient chers, tels que : «La ligne, c'est la couleur.» Image frappante qui démontre que Gauguin avait pour le dessin autant de respect qu'Ingres et qui distingue de plus entre le genre de dessin qu'un coloriste doit cultiver et celui qu'il doit éviter. Il disait encore : «Un centimètre carré de vert au milieu d'un tapis de billard est plus vert qu'un centimètre carré de vert pris isolément.» Ainsi résumait-il, en quelques syllabes, toute une partie de son étude professionnelle, longuement poursuivie dans les directions les plus nouvelles : la variation des tons et la peinture de l'atmosphère.

Charles Chassé,
Gauguin et le groupe de Pont-Aven,
Floury, Paris, 1921

Celui qui «rit du petit point»

Dans deux notes explicitant les néologismes – sintaize et ripipoint – de Gauguin et de ses amis au Pouldu, Charles Chassé insiste sur la dérision qui teintait toute évocation d'«école» ou de doctrine.

Sintaize, ainsi écrit, ne prenait-il pas un sens quelque peu ironique? J'avoue qu'il me fait songer à «foutaise», un mot cher à Gauguin lorsqu'il s'agissait pour lui de caractériser une théorie d'école, quelle qu'elle fût. «Si vous saviez, m'écrit M. de Monfreid, combien Gauguin se... foutait de toutes ces théories, même en 1888 ou 1889! [...] Gauguin, qui fréquentait ce milieu littéraire, avait eu la faiblesse de se laisser un peu encenser par quelques-uns de ces écrivains qui le proclamaient

Ce visage d'enfant, dessiné au petit point par Filiger est d'une facture assez étonnante.

le chef des symbolistes en peinture. Mais, au fond, il considérait ce vocable et toutes les théories qui en dérivaient comme des jeux d'enfant. Il souriait avec un petit air fort approbatif quand Verlaine, au café Voltaire (où nous rencontrions les protagonistes dudit mouvement littéraire), répétait en clignotant de ses yeux malins : «Hé! zut! ils m'embêtent, les “cimbalistes” (sic).»

Comme j'interrogeais M. Mothéré sur *Ripipoint*, voici ce qu'il me dit : «Le Ripipoint est le nom d'une nature morte de Gauguin, exécutée au petit point [selon les principes de Seurat] au Pouldu. Cette toile avait causé beaucoup d'admiration au moment de son apparition. Gauguin l'avait baptisée lui-même le *Ripipoint.* [...] Gauguin, qui ne fit que traverser le pointillisme sans s'y arrêter, fit ensuite don du *Ripipoint* à son hôtesse du Pouldu.

Charles Chassé, *op. cit.*

«En breton, Pouldu signifie «lieu de l'eau rapide»

L'année 1985 vit un regain d'intérêt pour l'expérience fabuleuse qu'avait menée, un siècle plus tôt, un petit groupe de peintres au fin fond de la Cornouaille. Le terme «Ecole de Pont-Aven» se modula. Des historiens de l'art se penchèrent avec plus d'attention sur l'humble village qui avait été le théâtre de tant de rencontres et de créations. A l'occasion d'une grande exposition au musée du Prieuré à Saint-Germain-en-Laye, Caroline Boyle-Turner évoque Le Pouldu.

C'est au Pouldu, en 1889, que Gauguin trouva le charme rural et tranquille qui lui manquait à Pont-Aven. [...] Le village n'est pas situé directement sur cette côte sud de la Bretagne qui est très exposée, mais à l'abri d'une baie, à l'embouchure de la rivière Laïta. En breton, Pouldu signifie «lieu de l'eau rapide». [...]

Les coiffes des femmes du Pouldu, beaucoup plus simples que celles de Pont-Aven, indiquaient le statut économique plus modeste des villageois : une petite cape blanche couvrait presque tous les cheveux, avec des petites ailes simples sur le côté. La coiffe était maintenue par une mentonnière et n'avait pas la large bande amidonnée entourant la tête comme sur les coiffes de Pont-Aven. [...]

Camaret
Huelgoat
Chateaulin
Chateauneuf-du-Faou
Pont-Aven

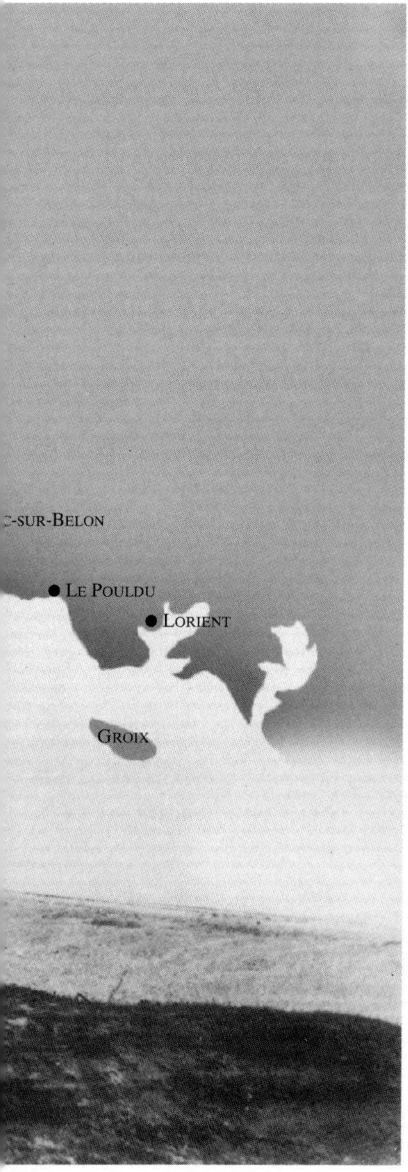

Entouré de peintres, le capitaine Jacob, dans sa barque, entre Pont-Aven et le Pouldu.

• A Camaret Georges Lacombe applique les principes de l'Ecole de Pont-Aven;
• A Chateaulin, en 1893, Chamaillard s'établit avocat et héberge Armand Seguin, en 1901;
• A Chateauneuf-du-Faou, en 1903, Paul Sérusier s'installe et demeure;
• A Concarneau Schuffenecker rencontre Emile Bernard, qu'il présente à Gauguin;
• A Doëlan séjournent Henry Moret puis Wladislaw Slewinski;
• A Groix, Moret encore peint *Le Phare de Pen-Men*;
• Au Huelgoat, pays du roi Arthur et de Gargantua, Sérusier, Verkade et Ballin poursuivent leur quête spirituelle;
• A Nizon, le calvaire qui inspira à Gauguin son *Christ vert*;
• A Pont-Aven le Bois d'Amour et la chapelle de Trémalo, la pension Gloanec et l'hôtel Julia;
• Au Pouldu, la plage des Grands-Sables et l'auberge de Marie Henry;
• A Riec-sur-Belon, passent les meintres mais pas la rivière. Jourdan y fit de nombreux séjours.

La plage des Grands-Sables au Pouldu. N'y manquent qu'un chevalet… et un parasol.

Par rapport à la population de Pont-Aven, les gens du Pouldu étaient rustiques et extrêmement pauvres. [...] Il n'y avait ni bourgeoisie ni même de gens instruits et encore moins de peintres académiques qui venaient harceler les peintres pendant leurs expériences avec de nouveaux concepts esthétiques. Gauguin et ses disciples ont dû, sans doute, trouver ce milieu aussi réconfortant que la vie primitive. Leurs œuvres, qui dépeignent les gens du Pouldu, ignorent leur pauvreté et ne représentent pas l'aspect politique ou social de leur triste sort. Les peintres étaient tout simplement attirés par la simplicité rurale des gens et par la rudesse de leur environnement qui contrastait avantageusement avec l'esprit mondain de Pont-Aven.

Caroline Boyle-Turner,
in *Le Chemin de Gauguin*,
musée départemental du Prieuré,
Saint-Germain-en-Laye, 1985

Pont-Aven et Le Pouldu : le prélude breton de la peinture moderne

Au cœur de cette Bretagne où des peintres, plus ou moins itinérants, ont produit des chefs-d'œuvres, une spécialiste, Denise Delouche, tire la sage conclusion de l'histoire de l'art.

Il semble dorénavant inutile de réveiller l'ancienne querelle du choix entre «école de Pont-Aven» et «école du Pouldu» : l'histoire a fini par trancher malgré l'inadéquation évidente aux réalités vécues (il y a beaucoup plus «école» – une forte personnalité entourée de disciples – au Pouldu en 1889-1890 seulement – qu'à Pont-Aven) et cette appellation rend justice à l'attraction générale du centre pictural qu'est Pont-Aven. [...]

L'extension? Il est évident que les idées lancées germent ailleurs, par exemple dès l'automne 1888 à Paris, à l'académie Julian; et des artistes les adoptent qui ne sont pas venus à Pont-Aven et qui n'ont pas personnellement

Contraste entre le bourg de Pont-Aven un jour de marché et la lande où s'élève la «Maison du Pandu».

rencontré Gauguin; elles se développent aussi en d'autres lieux de Bretagne : dès 1891, Sérusier travaille au Huelgoat avec Ballin. S'il paraît tout à fait justifié de rattacher à l'école de Pont-Aven une partie de l'œuvre de Maurice Denis ou de Georges Lacombe, même s'ils n'ont que peu ou pas travaillé à Pont-Aven, car ils en ont adopté les grands principes, la rigueur indispensable à toute approche historique interdit d'y intégrer des peintres qui n'ont rien à voir avec sa stylistique, sous prétexte qu'ils ont fait des séjours à Pont-Aven, ou des artistes qui ont été séduits par les propositions de Gauguin et de Bernard longtemps après la dislocation du groupe.

L'ancrage originel est géographique – Pont-Aven et le Pouldu – et le contact avec la Bretagne, ses paysages et sa culture, a joué un indéniable rôle de catalyseur, mais la facilité de l'appellation ne doit pas masquer qu'il s'agit d'un des mouvements stylistiques majeurs dans l'évolution de la peinture contemporaine; un mouvement dans lequel on peut discerner un prélude avec ses questionnements, ses hésitations et ses recherches, prélude qui s'ancre dans la remise en question de l'impressionnisme arrivé à épuisement dans les années 1880, surtout de 1884 à 1888, puis une phase d'affirmation, brève : de 1888 à 1892, avec ses œuvres marquantes et enfin une période de développements plus diversifiés et personnels, d'adaptations et de reniements, Bernard rompt dès 1892, Sérusier persévère et approfondit jusque dans les années 1920. Le prélude se joue en des lieux très divers, à Pont-Aven et au Pouldu (mais aussi à Saint-Briac); les développements ultérieurs se dispersent largement. Ce mouvement, continuons de l'appeler «l'école de Pont-Aven» par habitude et faute d'un autre mot suffisamment rassembleur de tout ce qu'elle contient, est un avatar de l'éternel renouvellement de la vie des formes [...].

Denise Delouche,
in *Pont-Aven et ses peintres à propos d'un centenaire*,
Presses Universitaires de Rennes-2

Les lieux de mémoire

Un peu artificiellement – mais providentiellement – rassemblées entre des murs où elles ne furent pas conçues (les musées), les œuvres d'art prennent parfois plus de saveur encore lorsqu'il nous est donné de connaître les lieux et les histoires qui leur permirent de voir le jour. Le Musée de Pont-Aven et la Maison MARIE Henry au Pouldu présentent ici leurs activités spécifiques en ce sens.

Naissance d'un musée à Pont-Aven

Achevé en 1985, le nouveau musée de Pont-Aven a été inauguré en juin 1986, date symbolique qui rappelle que, exactement cent ans auparavant, un certain Gauguin débarquait «pour faire de la peinture dans un trou», selon ses propres paroles.

Le véritable feu d'artifice que produisit, dans le domaine de l'art, le groupe de Pont-Aven dura une dizaine d'années. Puis l'oubli s'installa. Ce n'est qu'en 1939 qu'une commémoration, matérialisée par la pose d'une plaque sur l'auberge Gloanec, en présence d'Emile Bernard et Maurice Denis à Pont-Aven, vint raviver le souvenir des peintres.

En 1953, le cinquantenaire de la mort de Paul Gauguin donna lieu à une exposition «Gauguin et ses amis», organisée par des bénévoles, à l'Hôtel de Violle à Pont-Aven. *La Belle Angèle*, exceptionnellement prêtée par le Louvre, revint chez les Pont-Avenistes pour célébrer cet anniversaire.

Au dos d'un paysage, peint sur bois par Chamaillard en 1888, Emile Bernard grava son *Adoration des bergers* (ci-dessus).

A partir de 1960, l'idée d'un musée commença à germer dans les esprits, à l'initiative de l'Association des Amis de Gauguin, qui organisa des expositions régulières dans une aile de la mairie.

En 1971, la Société de Peinture de Pont-Aven prenait le relais des Amis de Gauguin, et continuait à réaliser, chaque été, des expositions de qualité sur le thème de l'Ecole de Pont-Aven.

Dès lors, le projet de musée devenait la préoccupation essentielle. Les multiples démarches devaient aboutir, en 1983, après des années de ténacité, à la création d'un musée, défini comme une antenne dépendant de la conservation des Musées de Quimper.

En 1984 débutait le chantier du nouveau musée. Conçu par un architecte de la région, implanté au cœur de la ville et à flanc de la colline, celui-ci englobe une partie de l'Hôtel Julia, l'un des deux lieux historiques des séjours des peintres à Pont-Aven.

En 1985, enfin, le musée prenait son autonomie complète, en adoptant le statut de musée municipal, sous le contrôle de la Direction des Musées de France.

Des collections permanentes, un centre de documentation

Le musée comporte maintenant deux niveaux de 300 m² chacun, une salle d'audiovisuel et un centre de documentation, ouvert au public pour consulter sur place. Son fonctionnement s'articule, d'une part, autour de la présentation des collections permanentes et, d'autre part, de l'organisation de trois expositions temporaires par an, généralement consacrées soit à un peintre, soit à un aspect particulier du mouvement né à Pont-Aven.

Ces expositions sont complétées par un montage audiovisuel et une évocation

En hommage à Mademoiselle Julia Guillou, les peintres de passage laissaient certaines de leurs œuvres accrochées au murs de son hôtel.

historique, à partir de photographies et de documents anciens, afin de permettre de mieux situer le mouvement pictural dans son environnement contemporain.

Le Centre de documentation, situé au premier étage, se veut le point fort du musée, car il répond à une demande importante, en rassemblant, sur place, livres, catalogues anciens, articles de presse, photos, manuscrits, sur les peintres de l'Ecole de Pont-Aven et plus largement sur les artistes ayant travaillé en Bretagne à la fin du XIXe siècle et au début du XXe siècle. Fréquenté par des chercheurs de nationalités diverses, il propose des ouvrages répertoriés sur fichier et des dossiers par artistes.

Le fonds permanent présente des peintures, aquarelles, dessins et gravures des artistes du groupe de Pont-Aven – Gauguin, Bernard, Sérusier, Chamaillard, Roy, Delavallée, Seguin, Loiseau, Jourdan, O'Conor, Moret, Filiger, Maufra, Denis, etc. –, mais aussi des œuvres de ceux qui les ont précédés ou suivis en Bretagne.

Des expositions temporaires, une animation permanente

Les expositions temporaires se succèdent depuis 1984, alternant les peintres contemporains et les œuvres de l'époque du groupe de Pont-Aven.

1984 : Aquarelles orientales d'Emile Bernard - Roderic O'Conor. 1985 : Fernand Daucho - Aquarelles, pastels, dessins et objets de l'Ecole de Pont-Aven - Jules Paressant. 1986 : Maxime Maufra - Cent ans, Gauguin à Pont-Aven. 1987 : Constantin Kousnetzoff - Emile Jourdan - Anne Macheret. 1988 : Michel Noury - Henry Moret - Pierre-Eugène Clairin. 1989 : Charles Fromuth - Armand Seguin - Cinq années d'acquisitions au musée de Pont-Aven. 1990 : Jean Mingam - Peintres finlandais en Bretagne - Michel Thersiquel. 1991 : V.-J. Roux-Champion - Paul Sérusier - Marcel Parturier. 1992 Sydney L. Thompson - Artistes et théâtres d'avant-garde, programmes de théâtre illustrés, 1891-1900 - Alcide Le Beau.

La restauration d'ateliers-logements, appartenant à la mairie et situés dans l'ancien hôtel Julia, à côté du musée, a permis de renouer avec la tradition d'accueil des artistes et, par là même, de maintenir la ville ouverte sur la création contemporaine.

L'animation ponctuelle par des conférences et des projections de films a naturellement sa place dans ce musée dont la fréquentation annuelle tourne autour de 55 000 visiteurs.

La naissance du musée, si tardive soit-elle, comble l'attente d'une foule venue en pèlerinage sur les lieux mêmes d'inspiration et pour laquelle l'existence d'un musée s'imposait comme une évidence.

Musée de site, mémoire d'un tournant de l'histoire de l'art, sa vocation est de rendre hommage aux peintres qui firent la réputation de Pont-Aven.

Catherine Puget,
Conservateur du musée de Pont-Aven

Un centenaire célébré avec éclat au Pouldu : la Maison MARIE Henry

En 1989, la commune de Clohars-Carnoët, qui comprend les localités du Pouldu et de Doëlan, décida de célébrer, avec éclat, le centenaire de l'arrivée de Paul Gauguin et de ses amis peintres au Pouldu en faisant réaliser une reconstitution historique du lieu qui les accueillit : la «Buvette de la Plage». Celle-ci avait été édifiée en 1888 par Marie Henry sur deux terrains acquis par elle. Paul Gauguin, Jacob Meyer de Haan, Paul Sérusier, Charles Filiger et Charles Laval, Maxime Maufra, Emile Bernard, Roderic O'Conor, Jan Verkade y séjournèrent de 1889 à 1893. La plupart d'entre eux décorèrent de leurs peintures les murs de l'auberge : leurs œuvres constituèrent la Collection Marie Henry.

Pour mener à bien cette reconstitution à l'identique, la commune a désigné Jean-Marie Cusinberche, documentaliste et historien d'art, assisté par Jean-Pierre Brunerie, architecte. La désignation «Maison MARIE Henry» fut adoptée en référence à l'inscription gravée par Gauguin lui-même sur la fameuse *Oie* qu'il avait peinte, sur le mur, au-dessus de la porte de la salle à manger de l'auberge.

La «Buvette de la Plage» ayant été totalement transformée par ses propriétaires successifs, et agrandie – elle occupait la partie gauche de l'actuel «Café de la Plage» –, sa reconstitution fut réalisée dans une maison construite exactement sur le même plan par l'ancienne bonne de Marie Henry, et située à dix mètres de l'auberge, rue des Grands-Sables. Elle présente l'auberge telle que Gauguin et ses amis la connurent (voir page suivante).

D'après les témoignages de l'époque et les recherches entreprises, les œuvres des artistes ont pu être reproduites à leur taille réelle par des procédés photographiques et ornent les murs à la place où elles se trouvaient autrefois. Le mobilier d'époque et les objets quotidiens participent à l'évocation artistique de ce Lieu de Mémoire.

Dans une autre maison, située entre l'ancienne «Buvette de la Plage» et l'actuelle «Maison MARIE Henry», une exposition documentaire permet au public de découvrir l'histoire de cette époque mémorable. Plusieurs panneaux illustrés présentent la vie quotidienne au Pouldu, vers 1889, une biographie en images de Marie Henry et de ses deux filles, le séjour des peintres, les sites qu'ils ont peints, l'histoire et la destinée de la Collection Marie Henry. Un audiovisuel évoque les séjours de Gauguin et de ses amis peintres. Une librairie, enfin, offre un choix important d'affiches, de cartes postales, de diapositives, de catalogues, de livres, de correspondances et de revues en rapport avec l'histoire de la «Buvette de la Plage» et de ses célèbres pensionnaires.

Le retour des œuvres au Pouldu !

L'*Oie* peinte par Gauguin sur le mur de la salle à manger de la «Buvette de la Plage» avait été sauvée de la destruction, en 1925, par le peintre américain Isadore Levy qui acheta le morceau de mur où elle figurait. En 1989, cent ans après, elle revint au Pouldu, et huit mille visiteurs purent la découvrir avec émotion, dans ces lieux simples, chargés de tant de souvenirs.

«Je fais de la peinture en secret, comme les premiers chrétiens priaient», disait Filiger. Pour célébrer le centenaire de son arrivée dans l'auberge, dix de ses œuvres, ayant fait partie de la Collection Marie Henry, ont été exposées. L'événement a revêtu un caractère de véritable «pèlerinage aux sources» de l'inspiration, dans les lieux mêmes que Filiger avait choisis pour leur isolement.

En 1992, alors que circulait au Japon, dans

Au rez-de-chaussée : la cuisine, la buvette fréquentée par les goémoniers et la célèbre salle-à-manger décorée par les artistes; à l'étage : les chambres particulières de Gauguin et de Sérusier et la grande chambre de Marie Henry qu'elle partagea avec Meyer de Haan; l'appentis qui fut transformé en atelier et où logea Fiiger.

les musées de Yokohama, Hiroshima et Kyoto, une exposition sur le thème «La Collection Marie Henry, Le Pouldu en Bretagne», la Maison MARIE Henry présentait simultanément, dans l'atelier, d'une part une évocation de cette manifestation, et d'autre part une rétrospective «L'art japonais, son empreinte» dans laquelle figuraient les deux estampes japonaises ayant appartenu à Gauguin et retrouvées, chez lui, aux îles Marquises.

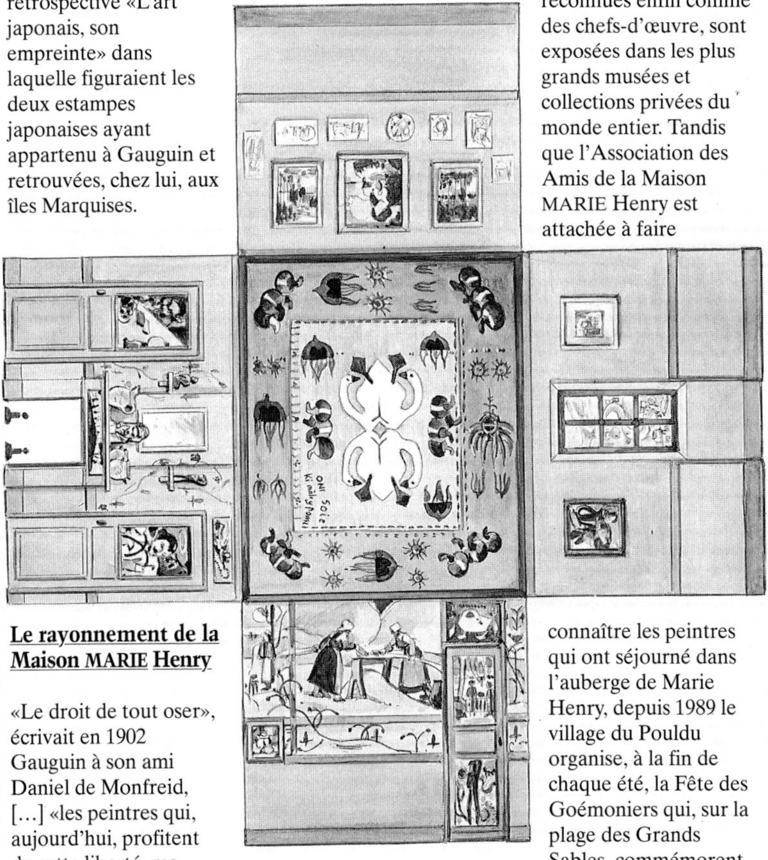

Le rayonnement de la Maison MARIE Henry

«Le droit de tout oser», écrivait en 1902 Gauguin à son ami Daniel de Monfreid, […] «les peintres qui, aujourd'hui, profitent de cette liberté, me doivent quelque chose». On s'accorde à penser, aujourd'hui, que le passage de Gauguin au Pouldu fut certainement l'un des moments culminants de la création artistique. L'emploi des couleurs pures telles qu'elles furent arrangées dans la «Buvette de la Plage», au Pouldu, donna aux artistes la possibilité d'exprimer avec plus de puissance les aspects fugitifs de leurs émotions. Leurs œuvres, qui constituèrent la Collection Marie Henry, reconnues enfin comme des chefs-d'œuvre, sont exposées dans les plus grands musées et collections privées du monde entier. Tandis que l'Association des Amis de la Maison MARIE Henry est attachée à faire connaître les peintres qui ont séjourné dans l'auberge de Marie Henry, depuis 1989 le village du Pouldu organise, à la fin de chaque été, la Fête des Goémoniers qui, sur la plage des Grands Sables, commémorent ces modèles si chers aux peintres : les ramasseurs de goémon.

Jean-Marie Cusinberche,
Conservateur de la Maison MARIE Henry

Souvenirs d'un collectionneur

La connaissance de l'Ecole de Pont-Aven doit beaucoup à l'action des collectionneurs. L'un d'eux, M. Samuel Josefowitz, explique comment, plus librement qu'un historien d'art ou qu'un conservateur de musée, il a pu, peu à peu, acquérir des œuvres, uniquement guidé par son bon plaisir. Car l'un des grands avantages du collectionneur privé est qu'«il peut – pour le meilleur ou pour le pire – laisser ses propres yeux et son cœur lui dicter la direction de ses intérêts.»

Je me suis toujours intéressé aux arts en simple amateur, sans aucune implication professionnelle dans le monde académique ou celui des musées.

C'est peut-être la raison pour laquelle, lorsque je découvris en 1949 l'Ecole de Pont-Aven, je ne me rendis pas compte à quel point ces œuvres et presque tous les artistes qui les créèrent étaient peu estimés ou même totalement oubliés. Même les œuvres bretonnes de Gauguin étaient considérées par beaucoup comme d'importance mineure. Seules ses œuvres de Tahiti et des Marquises étaient acceptées comme ayant un intérêt majeur, encore qu'elles aient été souvent estimées comme étant trop «décoratives».

J'ai acheté, de temps en temps, dès l'âge de seize ans, des gravures ou des dessins; je n'avais cependant jamais vu d'œuvres des peintres de l'Ecole de Pont-Aven, à l'exception bien sûr de celles de Gauguin, jusqu'au moment où, aux alentours de Noël 1949, je visitais l'exposition «Eugène Carrière et le Symbolisme» à l'Orangerie des Tuileries.

Là, pour la première fois, je fus frappé par la vision unique, non seulement de Gauguin,

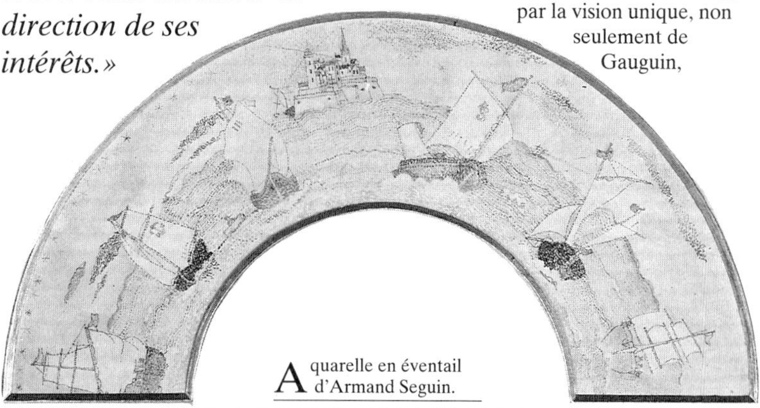

Aquarelle en éventail d'Armand Seguin.

mais aussi d'artistes tels Emile Bernard, Meyer de Haan et Séguin.

Toutefois, ce ne fut qu'en 1955 que j'acquis mes premières œuvres de l'Ecole de Pont-Aven. Cette année-là, je visitai l'exposition « Bonnard, Vuillard et les Nabis », organisée par Madame Agnès Humbert au Musée national d'Art moderne, à Paris. J'y fus à nouveau totalement épris, non seulement des trois peintures de Gauguin qui y figuraient (*Nature morte à la fête Gloanec*, 1888, *Portrait de Gauguin dit au Christ jaune*, 1890 et *La Mer en Bretagne*, aujourd'hui connu sous le titre de *La Plage au Pouldu*, 1889), mais aussi des peintures et des gravures d'artistes tels Emile Bernard, Maurice Denis, Paul Sérusier, Jan Verkade et beaucoup d'autres que j'ai pu également y admirer.

Cette exposition m'émut à tel point qu'après l'avoir visitée plusieurs fois, je souhaitai en rencontrer l'organisatrice.

Bien que je fusse pour elle un parfait inconnu, comme je l'étais d'ailleurs pour quiconque du monde des arts, Mme Humbert me reçut avec une courtoisie et une amabilité extrêmes. Je crois que mon enthousiasme la toucha. Dans son bureau et plus tard chez elle, nous discutâmes des peintres, de leurs œuvres, de ce qui les avait inspirés et motivés, du synthétisme et du cloisonnisme, de l'influence qu'ils exercèrent sur d'autres peintres et, finalement, des endroits où l'on pouvait voir leurs œuvres et où l'on risquait de pouvoir éventuellement en acheter quelques-unes.

Peu après, j'ai acheté mon premier tableau de Pont-Aven, une grande peinture d'Emile Bernard, de 1891, *La Faneuse de Saint-Briac*, représentant un paysage breton avec une Bretonne qui travaille dans les champs et une autre dont s'éloigne un enfant. Puis mes acquisitions se succédèrent rapidement. Je n'imaginais guère cependant, lorsque je vis les deux expositions précitées que, dans un laps de temps de seulement vingt ans, je possèderais moi-même cinq des peintures que j'y avais tellement admirées.

Il ne fut jamais facile de trouver les grandes peintures de l'Ecole de Pont-Aven. Ceux qui les possédaient semblaient les aimer et ne souhaitaient guère s'en séparer, d'autant plus que, jusqu'à ces dernières années, les prix

Faneuse bretonne (1891), Emile Bernard.

qu'ils pouvaient espérer en tirer demeuraient vraiment bas. Toutefois, le bruit se répandit très vite qu'il y avait un étranger qui venait en France presque chaque mois et qui cherchait passionnément des peintures de l'Ecole de Pont-Aven, et ceci, non seulement dans la capitale, mais aussi en Bretagne. Des marchands et des intermédiaires commencèrent, en conséquence, à m'offrir peu à peu de telles œuvres.

Mon amour de l'art ne s'est jamais limité à un seul moyen d'expression. Dès le début, les estampes, les dessins, la sculpture et même les arts appliqués de l'Ecole de Pont-Aven m'intéressèrent autant que les peintures. J'avais toutefois davantage de contacts avec les marchands de peinture qu'avec ceux de dessins ou d'estampes. Lorsque je rendais visite aux descendants des artistes, je pouvais voir les peintures accrochées aux murs, mais comme en général les gravures et les dessins ne sont pas exposés, il me fallut beaucoup plus de temps pour les connaître.

Lorsque je commençai à acquérir des œuvres de l'Ecole de Pont-Aven, je découvris bien vite que chaque nouvelle acquisition ajoutait au plaisir que me donnaient les tableaux et estampes que je possédais déjà.

Je cherchais à trouver d'autres œuvres de ces artistes et je tentais de découvrir leur date de création et les influences réciproques qu'ils exerçaient entre eux. Il faut se souvenir que, sauf pour Gauguin, il n'existait pas de catalogue raisonné des tableaux ou des estampes de ces artistes. En conséquence, j'ignorais souvent même ce qu'il me fallait chercher et presque chaque œuvre que l'on me proposait représentait pour moi une nouvelle découverte.

Historiens d'art ou conservateurs de musées, descendants ou amis des artistes, amis-collectionneurs : au cours de la constitution de ma collection d'œuvres de l'Ecole de Pont-Aven, nombre de personnes merveilleuses m'encouragèrent, partagèrent avec moi leur savoir et me consacrèrent généreusement leur temps. J'éprouve de la gratitude pour chacune d'elles. Il y eut aussi, enfin, les marchands et les commissaires-priseurs qui, bien au-delà de leur vocation commerciale, me conseillèrent et souvent m'apprirent à reconnaître les subtilités des différentes visions de chaque artiste.

Les marchands d'estampes surtout semblaient avoir apprécié les rares œuvres de l'Ecole de Pont-Aven avant que les autres les aient découvertes et j'ai passé d'innombrables heures à discuter avec eux les différentes épreuves de ces artistes qu'ils avaient pu de temps en temps dénicher.

Ce n'est que depuis la fin des années 70 que les grands musées du monde commencèrent vraiment à s'intéresser aux peintures du Groupe de Pont-Aven...

... l'intérêt pour les œuvres de cette école a été stimulé par diverses expositions et publications.

En 1985, le musée de Pont-Aven fut inauguré et un centre de documentation, qui porte mon nom, y fut créé. Ce centre possède déjà plusieurs milliers de documents ayant trait à Gauguin et au Groupe de Pont-Aven, et il ne se passe guère une semaine sans que quelques historiens d'art ne viennent le consulter. Grâce à l'enthousiasme et aux connaissances de la conservatrice du musée, Mme Catherine Puget, des rétrospectives d'artistes – Sérusier, Seguin, Cono Amiet, O'Conor – y eurent lieu. Puis, en 1986, une grande exposition pour commémorer le centenaire de la première visite de Gauguin à Pont-Aven, y fut organisée. A l'occasion de chaque exposition, un symposium de trois jours a eu lieu pour étudier divers aspects de ce mouvement dans l'histoire de l'art.

D'autres musées, tels que le Rijksmuseum Vincent Van Gogh,

Amsterdam, la Städtische Kunsthalle, Mannheim, le musée du Prieuré, Saint-Germain-en-Laye et le musée de Quimper organisèrent diverses expositions de ces artistes. Puis, il y a eu une exposition itinérante des œuvres graphiques de Gauguin et l'Ecole de Pont-Aven conçue à partir de ma collection, par le Smithsonian Institute à Washington. Cette exposition fut présentée dans les plus grands musées d'Amérique, et a également fait une tournée en Europe.

Toutes ces expositions ont fait connaître les œuvres de Pont-Aven à des centaines de milliers de personnes qui les avaient ignorées jusqu'alors. Elles ont stimulé les historiens d'art à de nouvelles recherches et elles ont influencé un nombre d'artistes contemporains.

Le groupe de Pont-Aven a fleuri pendant dix ans à peine. Les chefs-d'œuvre de cette période restent rares et il incombe aux propriétaires privés aussi bien qu'aux institutions publiques qui en possèdent de les préserver pour les générations à venir.

La Collection Josefowitz comportant l'ensemble le plus complet des œuvres de ce mouvement, il ne se passe guère une semaine sans que je sois sollicité pour en prêter des tableaux, des sculptures ou des estampes. Quand il s'agit d'expositions dans des musées importants ou organisées par des conservateurs et historiens d'art reconnus, je n'ai guère refusé d'accéder à ces demandes de prêt. Cependant, les voyages, l'exposition à la lumière et les changements de température et d'humidité risquent à la longue de nuire à ces œuvres.

D'avoir pu réunir cette collection, de voir ces œuvres chez moi et dans divers musées, d'observer le plaisir que d'autres amateurs y prennent quand elles sont exposées, d'étudier le contexte social et culturel dans lesquels elles ont été créées, ainsi que la vie de ces artistes, tout ceci a été une des grandes satisfactions de ma vie.

Je continue à enrichir, de temps en temps, la collection par de nouvelles acquisitions. Mais j'ai atteint l'âge où mes recherches sont devenues moins actives et où je commence de plus en plus à partager mes souvenirs de collectionneur, comme je le fais ici, avec d'autres personnes qui aiment l'art, en espérant que, eux aussi, trouveront un domaine de collections qui enrichira leur vie.

Samuel Josefowitz,
Whitchurch, printemps 1993

Paysage aux deux grands arbres (1893), eau-forte et pointe sèche de R. O'Conor.

CHRONOLOGIE

Cette chronologie, établie sur la base de celle qui est proposée au musée de Pont-Aven, a été considérablement abrégée sur la période traitée dans le corpus de cet ouvrage.

1860 Premiers peintres américains à Pont-Aven.
1886 Arrivée de Paul Gauguin à la pension Gloanec. Première rencontre Gauguin-Bernard à Pont-Aven. Jourdan, Laval, Puigaudeau forment le groupe des premiers amis de Gauguin. En novembre, retour de Gauguin à Paris où il rencontre Van Gogh.
1887 Bernard et Anquetin, à Asnières, inventent le cloisonnisme. Gauguin s'embarque pour Panama, en compagnie de Laval. Bernard séjourne à Saint-Briac. Gauguin, malade, revient de la Martinique.
1888 Gauguin retrouve Laval à la pension Gloanec et se lie d'amitié avec Chamaillard. Arrivée, en août, de Bernard accompagné de sa sœur Madeleine, qui devient la muse des peintres. De son travail avec Gauguin naît le synthétisme. Sérusier exécute, sous la dictée de Gauguin, le tableau nommé par la suite *Le Talisman*. A Paris, Sérusier fait part de son expérience à ses amis qui forment dès lors le groupe des nabis. Gauguin rend visite à Van Gogh en Arles.
1889 Troisième séjour de Gauguin à Pont-Aven. Exposition au café Volpini, à Paris en mai, du «Groupe impressionniste et synthétiste» où figurent les œuvres de Gauguin, Bernard, Schuffenecker, Laval, Anquetin, Roy, Fauche, Daniel de Monfreid. Meyer de Haan et Filiger se joignent à la bande. A la recherche de tranquillité, ils prennent pension au Pouldu, chez Marie Henry, tout près de la plage des Grands Sables.
1890 Gauguin, Meyer de Haan, Sérusier et Filiger à l'auberge du Pouldu. Moret et Maufra à Pont-Aven. Willumsen fait la connaissance de Gauguin. Mort de Van Gogh à Auvers-sur-Oise. En novembre, Gauguin quitte Le Pouldu.
A Paris, il fréquente les symbolistes.
1891 Verkade rencontre Gauguin. Rupture entre Bernard et Gauguin. Banquet d'adieu, au café Voltaire, en l'honneur de Gauguin.
A. Aurier publie l'article «Le Symbolisme» au *Mercure de France*. Gauguin part pour Tahiti. Séjour de Verkade, Filiger et Maufra au Pouldu. Sérusier peint à Huelgoat avec Ballin et Rasetti. Bernard est en Bretagne. A Paris, en décembre, première exposition du groupe nabi, chez Le Barc de Boutteville.
1892 A Pont-Aven, Bernard se lie avec Seguin. Verkade et Ballin sont installés à l'auberge, à Saint-Nolff (Morbihan). Filiger est au Pouldu, Sérusier à Huelgoat.
1893 Cuno Amiet, à Pont-Aven, fait la connaissance de O'Conor. Bernard s'embarque, en avril, pour Constantinople puis l'Egypte, où il restera jusqu'en 1902. Delavallée s'établit en Turquie. Sérusier revient à Huelgoat, accompagné de Ranson. Denis s'installe à Perros-Guirec. Marseille, en août, Gauguin rentre, désabusé, de Tahiti. Marie Henry quitte son auberge du Pouldu pour s'installer à Moëlan. Filiger, grâce à une pension du comte de La Rochefoucauld, est hébergé dans divers hameaux du Pouldu.
1894 En avril, Gauguin est de retour à Pont-Aven, accompagné d'Annah la Javanaise. Il rencontre O'Conor, Seguin et retrouve aussi Chamaillard. Décès de Laval à Paris. Verkade rentre au couvent de Beuron (Allemagne). En mai, séjour de Gauguin au Pouldu, dans la villa de Slewinski, et visite à Filiger. Au cours d'une excursion à Concarneau, une rixe éclate avec des pêcheurs et Gauguin a la cheville brisée; immobilisé à l'hôtel Gloanec, il reçoit la visite d'Alfred Jarry. Sérusier s'installe à Châteauneuf-du-Faou. Le tribunal de Quimper repousse l'action intentée par Gauguin pour récupérer ses œuvres laissées à Marie Henry, au Pouldu, en 1890. Chamaillard s'établit à Chateaulin. Seguin expose chez Le Barc de Boutteville. En juillet, départ définitif de Gauguin pour Tahiti. Décès de Meyer de Haan à Amsterdam, puis de Madeleine Bernard, au Caire. A Copenhague, Ballin s'installe bronzier d'art. O'Conor peint à Rochefort-en-Terre. Moret est à Groix.
1897 Denis passe l'été à Perros-Guirec. Lacombe s'établit près d'Alençon.
1898 Après une visite à Verkade, Sérusier traduit le texte du père Lenz, *L'Esthétique de Beuron*.
1899 Séjour de Denis au Pouldu et de Ferdinand du Puigaudeau à Pont-Aven.
1900 A. de La Rochefoucauld cesse de payer la pension qu'il accordait à Filiger, fixé au Pouldu.
1902 Seguin est à Chateaulin où il travaille à des illustrations commandées par A. Vollard.
1903 Sérusier et Denis font un voyage à Beuron. Paul Gauguin meurt à Hiva-Oa. Sérusier héberge Seguin, malade, dans son atelier de Châteauneuf-du-Faou, où il meurt en décembre. Victor Ségalen, aux Marquises, assiste à la vente de l'atelier du peintre, après son décès.

BIBLIOGRAPHIE

Ouvrages et textes généraux
- A. Aurier, *Le Symbolisme en peinture*, Mercure de France, Paris, mars 1891.
Les Symbolistes, Revue encyclopédique, Paris, avril 1892.
- F. Cachin, *Gauguin,* Paris, 1968, 1988, 1989.
- Ch. Chassé, *Gauguin et le groupe de Pont-Aven*, Paris, 1921. *Gauguin et son temps*, Paris, 1955.
- M. Denis, *Théories* (1890-1910), Paris, 1912, 1964.
- B. Dorival, *Les Etapes de la peinture française contemporaine,* vol. 1, Paris, 1943.
- R. Escholier, *La Peinture française, XXe siècle*, Paris, 1937.
- W. Jaworska, *Gauguin et l'Ecole de Pont-Aven*, Neuchâtel, Paris, 1971.
- Ch. G. Le Paul, *L'Impressionnisme dans l'Ecole de Pont-Aven*, Lausanne, Paris, 1983.
- S. Lövgren, *The Genesis of Modernism; Seurat, Gauguin, Van Gogh and French Symbolists in the 1880s*, Stockholm, 1959.
- N. Ponente, *Les Structures du monde moderne,* 1850-1900, Genève, 1965.
- J. Rewald, *Le Post-Impressionnisme,* Paris, 1961, 1987.
- A. Terrasse, *De Cézanne à Matisse, les sources du XXe siècle*, Genève, 1980.
- D. Wildenstein et R. Cogniat, *Paul Gauguin*, Catalogue 1, Paris, 1964.

Ecrits et témoignages d'artistes
- E. Bernard, *Notes sur l'Ecole de Pont-Aven*, Mercure de France, décembre 1903. *Souvenirs inédits sur le peintre Paul Gauguin et ses compagnons lors de leur séjour à Pont-Aven et au Pouldu,* Le Nouvelliste du Morbihan, Lorient, 1939.
- M. Denis, *Gauguin, ses amis, l'Ecole de Pont-Aven et l'Académie Julian : l'époque du symbolisme*, Catalogue de l'Exposition, Gazette des Beaux-Arts, 1934.
- P. Gauguin, *Avant et après*, Leipzig, 1918, et Paris, 1923. *Racontars de rapin*, Paris, 1951.
- A. Seguin, *Paul Gauguin*, L'Occident n° 16-18, Paris, 1903.
- P. Sérusier, *A B C de la peinture, suivi d'une étude sur la vie et l'œuvre de P. Sérusier par Maurice Denis*, Paris, 1942.
- J. Verkade, *Le Tourment de Dieu*, Paris, 1926.

Correspondances
- Mme Joly-Segalen, *Gauguin, Lettres à Daniel de Monfreid,* Paris, 1950. *Lettres de Van Gogh à Emile Bernard*, Paris, 1911.
- M. Malingue, *Lettres de Gauguin à sa femme et à ses amis*, Paris, 1946.
- V. Merlhès, *Correspondance de Paul Gauguin*, Paris, 1981, 1989.
- Van Gogh, *Correspondance complète*, 3 vol., Paris, 1960.

Monographies
De nombreux articles ont été consacrés à la vingtaine d'artistes qui constituèrent l'Ecole de Pont-Aven. Le Musée de Pont-Aven a publié des catalogues d'exposition sur Emile Jourdan, Henry Moret, Roderic O'Conor, Armand Seguin et Paul Sérusier.

TABLE DES ILLUSTRATIONS

COUVERTURE

1er plat Emile Bernard, *Les Bretonnes sur un mur* (détail), 1892, huile sur papier, 88 x 116 cm. Coll. Josefowitz.
Dos Emile Dezaunay, *Jour de pardon à Plougastel* (détail), aquatinte en couleurs, 30,2 x 41 cm. Coll. part.
2e plat Paul Sérusier, *La Maison du douanier*, huile sur toile (h. s. t.), 50 x 74 cm. Coll. part.

OUVERTURE

1 Paul Gauguin, *Le Christ jaune*, 1889, h. s. t., 92 x 73 cm. Albright-Knox Art Gallery, Buffalo, New York, General Purchase Funds, 1946.
2 Pont-Aven, Place au Beurre, détail d'une carte postale.
3 Emile Bernard, *La Rue rose à Pont-Aven* (détail), 1892, huile sur papier marouflé sur toile, 116 x 88 cm. Didier Imbert Fine Art, Paris.
4 Pont-Aven, Les Moulins, détail d'une carte postale. Coll. Sirot-Angel, Paris.
5 Paul Gauguin, *Paysage de Bretagne, Le Moulin David,* 1894, h. s. t., 73 x 92 cm. Musée d'Orsay, Paris.
6 Pont-Aven, Le Gué au Moulin du Plessis, détail d'une carte postale.
7 Paul Sérusier, *Les Laveuses de la Laïta*, 2e étude (détail), 1892, pastel sur carton, 42 x 54,3 cm. Coll. part.

8 1903, Etude de rochers au Pouldu, détail d'une carte postale.
9 Roderic O'Conor, *Marée montante*, v. 1898, h. s. t., 60 x 54 cm. Coll. part.
11 Paul Sérusier, *Le Ramasseur de goémons*, 1889, h. s. t., 46 x 55 cm. Coll. Josefowitz.

CHAPITRE I

12 Gaston Roullet, *Le Port de Pont-Aven* (détail), 1878, h. s. t. Musée de Pont-Aven.
13 François Hippolyte Lalaisse, croquis du chaos de rochers à Pont-Aven. Bibl. nat., Paris.
14-15 Le calvaire de Tronoën à Saint-Jean-Trolimon, photographie.
15h Tombeau de Chateaubriand sur le rocher du Grand Bé à Saint-Malo, détail d'une lithographie de Charpentier d'après F. Benoist. Bibl. nat., Paris.
15b Maurice Barrès, image de la collection Félix Potin. Coll. Sirot-Angel, Paris.
16 Paul Peel, *La Fileuse*, 1881, h. s. t., 119,6 x 91,4 cm. Musée des Beaux-Arts de Montréal, don de W. G. Murray.
16-17 Pont-Aven, panorama du port en amont, carte postale.
17h Peintres américains groupés sur le pont vers 1886, photographie.
17b Coiffes de Pont-Aven, carte postale. Coll. Sirot-Angel, Paris.
18 Hélène Schjerjbeck, *Funérailles à Pont-Aven*,1884, h. s. t., 170 x 100 cm. Musée de l'Ostrobotnia, Vasa.
19 Hermann Van der Anker, *Vieux Breton de Pont-Aven*, 1880, aquarelle, 28,5 x 14,3 cm. Musée des Arts et Traditions populaires, Paris.
20 Henry Jones Taddeus, *Jour de marché, Finistère*,1882, h. s. t., 201 x 132 cm. National Gallery of Ireland, Dublin.
21h E. Löwstedt-Chadwick, *Le Parasol*, 1879-1882, huile sur bois, 29 x 50 cm. Coll. part.
21b Robert Wylie, *Les Joueurs de cartes en Bretagne*, 1875, h. s. t. Coll. part.
22 et 23b Paul Gauguin, *Les Lavandières à Pont-Aven* (ensemble et détails), 1886, h. s. t., dimensions. Musée d'Orsay, Paris.
23h Paul Gauguin, *La Bergère bretonne*, 1886, h. s. t., 60 x 73 cm. Laing Art Gallery, Newcastle-upon-Tyne.
23m Paul Gauguin, *Jeune Bergère assise*, 1886, pastel et fusain. Musée des Arts d'Afrique et d'Océanie, Paris.
24 Paul Gauguin, croquis de nus d'après Degas. Musée du Louvre, cabinet des Dessins.
24-25 Paul Gauguin, *La Danse des quatre Bretonnes*, 1886, h. s. t., 72 x 90 cm. Neue Pinakothek, Munich.
25 Georges Seurat, *La Baignade à Asnières* (détail), 1883-1884, h. s. t., 201 x 301,5 cm. National Gallery, Londres.
26 Paul Gauguin, détail d'une photographie.
26-27 Paul Gauguin, *Nature morte au profil de Laval* (ensemble et détails), 1886, h. s. t., 46 x 38 cm. Coll. Josefowitz.
28g Paul Gauguin, *Deux Petits Bretons* (détail de droite), 1889, crayon, 26,4 x 38,9 cm. Musée des Arts d'Afrique et d'Océanie, Paris.
28dh Paul Gauguin, jardinière avec motif de bergère bretonne, 1886-1887, décor à la barbotine, 27 x 40 x 22 cm. Coll. part.
28db Paul Gauguin, vase à quatre anses avec motifs paysans bretons, 1886-1887, céramique non émaillée, hauteur : 17 cm. Musée des Arts d'Afrique et d'Océanie, Paris.
29 Paul Gauguin et Ernest Chaplet, pot en céramique, 1886-1887, avec décor incisé et rehauts d'or, hauteur : 29,5 cm. Musée Royaux d'Art et d'Histoire, Bruxelles.
30-31 Emile Bernard, *Ponts de fer, Asnières* (détail et ensemble), 1887, h. s. t., 45,9 x 54,2 cm. Museum of Modern Art, New York, Grace Rainey Rogers Fund, 1962.
31 Vincent Van Gogh, *Le Pont d'Asnières*, 1887, h. s. t., 52 x 65 cm. Coll. Buhrlé, Zurich.
32 Paul Gauguin, *Nature morte à l'éventail* (ensemble et détail), 1889, h. s. t., 50 x 61 cm. Musée d'Orsay, Paris.
32-33 Pont-Aven, la Grand-place, les hôtels, carte postale.
33 Paul Gauguin, *Jeune Paysan au panier*, croquis aquarellé sur un cahier. Musée du Louvre, département des Arts graphiques, Paris.

CHAPITRE II

34 Emile Bernard, *Le Château de Rustéphan* (détail), 1889, h. s. t., 74 x 92 cm. Musée départemental du Prieuré, Saint-Germain-en-Laye.
35 Emile Schuffenecker, *Paysanne du Pouldu*, croquis. Musée du Louvre, département des Arts graphiques.
36 Paul Gauguin, *Jeune Baigneur breton*, 1888, craie, pastel et fusain, 60,2 x 41,5 cm. Musée du Louvre, département des Arts graphiques, Paris.
36-37 Paul Gauguin, *Autoportrait en Indien au Pouldu*, 1889, fusain. Musée départemental du Prieuré, Saint-Germain-en-Laye.
37 Paul Gauguin, *Lutte de deux jeunes Bretons*, 1888, h. s. t., 93 x 73 cm. Coll. Josefowitz.

CHAPITRE III

décoratifs, Paris.
64b Paul Sérusier, *Le Talisman* ou *Paysage au Bois d'Amour*, 1888, huile sur bois, 27 x 21 cm. Musée d'Orsay, Paris.
64-65 Maurice Denis, *Taches de soleil sur la terrasse*, 1890, h. s. t., 24 x 20,5 cm. Musée d'Orsay, Paris.
65 Emile Bernard, *L'Arbre jaune*, 1888, h. s. t., 66 x 36,3 cm. Musée des Beaux-Arts de Rennes.
66g Emile Bernard, extrait d'un poème sur Schuffenecker. Musée du Louvre, département des Arts graphiques, Paris.
66d Emile Schuffenecker et son épouse en 1888, détail d'une photographie. Musée départemental du Prieuré, Saint-Germain-en-Laye.
67g Emile Bernard, *Bretonne ramassant des pommes*, 1889, zincographie aquarellée, 22,3 x 23,8 cm. Bibl. nat., Paris.
67d Paul Gauguin, *Les Drames de la mer. Bretagne*, 1889, zincographie tirée sur vélin jaune canari, 17,6 x 22,2 cm. Musée de Pont-Aven.
68 Emile Bernard, *Nature morte «impressionnisse»*. Musée du Louvre, département des Arts graphiques, Paris.
68-69 *Un cauchemar – le synthétisme*, portrait de Gauguin, Bernard et Schuffenecker, par Paul Gauguin. Musée du Louvre, département des Arts graphiques, Paris.
69h Affiche de l'Exposition Volpini, 1889.
69b Première page du catalogue de l'exposition des synthétistes au Café Volpini avec gravure de Gauguin, 1889.

CHAPITRE IV

70 Charles Filiger, *Famille de pêcheurs bretons*, gouache, 28 x 20 cm. Coll. part.
71 Paul Sérusier, *Gauguin à l'accordéon*, dessin. Musée du Louvre, département des Arts graphiques, Paris.
72h Paul Sérusier, *Gauguin ramant dans une barque*, dessin. Musée du Louvre, département des Arts graphiques, Paris.
72b Le Pouldu, les Grands-Sables, détail d'une carte postale.
72-73 Paul Gauguin, *La Plage au Pouldu*, 1889, h. s. t., 73 x 92 cm. Coll. part.
74 Paul Gauguin en gilet breton, photographie.
75g Paul Gauguin, *La Belle Angèle*, 1889, h. s. t., 92 x 73 cm. Musée d'Orsay, Paris.
75d Angélique Marie Satre et l'un de ses fils, détail d'une photographie.
76g Calvaire de Nizon, carte postale.
76d Détail du calvaire de Nizon : la pietà, carte postale.
77 Paul Gauguin, *Le Christ vert* ou *Calvaire breton*, 1889, h. s. t., 92 x 73 cm. Musées Royaux d'Art et d'Histoire, Bruxelles.
78 Paul Gauguin, *L'Oie* (ensemble et détails), v. 1889, huile sur plâtre, 53 x 72 cm, marqué en haut Maison MARIE Henry et, en bas à droite P Go. Coll. part.
78-79 Le Pouldu. Les Grands-Sables. La route conduisant à la plage, carte postale. Coll. part.
79h Paul Sérusier, *La Barrière fleurie*, 1889, h. s. t. Musée d'Orsay, Paris.
79b Jacob Meyer de Haan, *Maternité, Marie Henry allaitant son enfant*, 1889, h. s. t., 73 x 60 cm. Coll. Josefowitz.
80-81 Paul Sérusier, *Les Grands-Sables au Pouldu* (ensemble et détail), h. s. t., 60 x 70 cm. Coll. Josefowitz.
82 Paul Sérusier, *Les Porcelets*, h. s. t., 54 x 38 cm. Coll. part.
83 Paul Sérusier, *Bretonne donnant à manger aux cochons* (ensemble et détail), h. s. t., dimensions. Musée départemental du Prieuré, Saint-Germain-en-Laye.
84-85 Paul Sérusier, *Les Laveuses de la Laïta*, 2e étude, 1892, pastel sur carton, 42 x 54,3 cm. Coll. part.
85h Paul Sérusier, *Les Laveuses de la Laïta*, 1re étude, 1892, huile sur carton marouflé, 34,2 x 43,6 cm. Coll. part.
85b Meyer de Haan, *Nature morte, cafetière et poires*, 1889, h. s. t., 39 x 32 cm. Coll. part.
86 Charles Filiger, *Le Christ à la lande*, v. 1890, gouache rehaussée d'or et d'argent sur papier, passe-partout décoré par l'artiste, 35,5 x 26,2 cm. Coll. part.
87 Charles Filiger dans son atelier, photographie.
88h Charles Filiger, *Vacher breton*, gouache, 39,5 x 16,5 cm. Coll. Josefowitz.
88b Charles Filiger, *Paysage à l'arbre rouge*, gouache sur carton. Musée de Pont-Aven.
88-89 Charles Filiger, *Paysage du Pouldu*, v. 1897, gouache sur papier, 26 x 38,5 cm. Musée des Beaux-Arts de Quimper.
90h Emile Jourdan, *Ramasseurs de coquillages sur les bords de l'Aven*, 1927, h. s. t., 33 x 46 cm. Coll. part.
90b Emile Jourdan, *Naufrage au sémaphore*, 1915, h. s. t., 50 x 60 cm. Coll. part.
90-91 Maxime Maufra, *Grand Paysage de Pont-Aven*, 1890, h. s. t., 150 x 300 cm. Musée des Beaux-Arts de Quimper.
91b Henry Moret, *Le Phare de Pen-Men à Groix*, 1895, h. s. t., 57 x 52 cm. Coll. part.
92hg Eugène Delâtre, *Maxime Maufra en Bretagne*, v. 1910, lithographie, 50 x 36 cm. Musée départemental du

CHAPITRE V

Bretonne de Pont-Aven, 1895, bois gravé, épreuve en rouge, bleu et vert à la poupée, 16,3 x 11,2 cm. Coll. Josefowitz.
120-121 Armand Seguin en 1901 à Chateaulin, photographie.
121h Armand Seguin, *Le Mendiant*, 1891, eau-forte et aquatinte, dédicacé au crayon, en bas, à droite : «A l'ami O'Conor. A. Seguin 91». Coll. Pierre Fabius.
121b Georges Lacombe, *Falaises à Camaret* ou *La Mer grise*, v. 1892, tempera sur toile, 81,2 x 60,5 cm. Musée des Beaux-Arts de Brest.
122h Emile Dezaunay, *Jour de pardon à Plougastel*, aquatinte en couleurs, 30,2 x 41 cm. Coll. part.
122b Armand Seguin, *Deux Cygnes survolant la mer*, eau-forte, 19,3 x 26,4 cm. Coll. Josefowitz.
123 Henri Delavallée, *Bretonne en noir*, v. 1893, aquatinte et pointe sèche, 25 x 17,6 cm. Bibl. nat., Paris.
124h Paul Gauguin, *La Femme aux figues*, 1894, zincographie, 27 x 44 cm, inscrit en haut à gauche : chez Seguin / à St Julien 1894. Coll. part.
124b Paul Gauguin, *Aimez-vous les uns les autres*, 1894, monotype. Musée de Pont-Aven.
124-125 Paul Gauguin, *Deux Bretonnes sur la route*, 1894, h. s. t., 66 x 92 cm. Musée d'Orsay, Paris.
126h Paul Gauguin, *La Nuit de Noël*, 1894, h. s. t., 72 x 83 cm. Coll. Josefowitz.
126b Paul Sérusier, *La Marchande de bonbons au parapluie* (détail), 1894, lithographie en beige et noir sur papier blanc, 22,3 x 13,5 cm. Musée de Pont-Aven.
126-127 Paul Sérusier, *La Terre bretonne* (détail), date, lithographie en noir sur papier crème, 23 x 21,7 cm. Musée de Pont-Aven.
127 Emile Jourdan, *La Chapelle de Lanriot au clair de lune* (ensemble et détails), 1926, h. s. t. Coll. part.
128 Porte d'atelier de peintre à Pont-Aven v. 1900, avec panneaux décorés. Coll. Josefowitz.

TÉMOIGNAGES ET DOCUMENTS

129 Armand Seguin, «La Primavera», dessin à la mine de plomb et au fusain, 24,3 x 31,5 cm. Bibl. nat., Paris.
130 Paul Gauguin, *Baigneuses bretonnes*, zincographie tirée sur papier vélin jaune canari, 24,5 x 20 cm. Bibliothèque d'art et d'archéologie, Fondation Jacques Doucet, Paris.
131 *Revue encyclopédique* n° 32 d'avril 1882, pages 476, 477, 478, 479. Coll. part.
132 Paul Gauguin ou Emile Bernard, dessin satirique sur Bouguereau et Bonnat, accompagné d'un petit poème. Musée du Louvre, département des Arts graphiques, Paris.
133 Maurice Denis dans son atelier vers 1900, photographie. Musée départemental du Prieuré, Saint-Germain-en-Laye.
135 Charles Filiger, *Enfant*, aquarelle sur papier brun. Musée du Louvre, département des Arts graphiques, Paris.
136-137h Carte des lieux des peintres du groupe de Pont-Aven.
136-137b La plage des Grands-Sables au Pouldu, photographie.
137 Le capitaine Jacob dans sa barque entouré de peintres. Coll. part.
138 Pont-Aven. L'entrée de la place un jour de foire, carte postale.
139 Armand Seguin, *La Maison du pendu*, 1893, eau-forte, 18 x 30,1 cm. Bibl. nat., Paris.
140 Emile Schuffenecker, *Pierre Gaffray* ou *Petit Pêcheur*, dessin au fusain et pastel, 15 x 23 cm. Coll. part.
141g Ernest Ponthier de Chamaillard, *Paysage breton*, 1888, huile sur bois. Musée de Pont-Aven.
141d Emile Bernard, *L'Adoration des bergers*, 1889, bois gravé au dos du *Paysage breton* de Chamaillard. Musée de Pont-Aven.
142 Pont-Aven, Hôtel Julia, peintures, hommages d'auteurs à Mlle Julia, carte postale.
143 La Buvette de la Plage au Pouldu à l'époque de Marie Henry, 1889-1893, la façade, côté des Grands-Sables. Conception Jean-Marie Cusinberche, réalisation Daniel Fort, 1992.
144 La Buvette de la Plage au Pouldu à l'époque de Marie Henry, 1889-1893, l'intérieur de la maison. Conception Jean-Marie Cusinberche, réalisation Daniel Fort, 1992.
145 La Buvette de la Plage au Pouldu à l'époque de Marie Henry, 1889-1893, la salle à manger, vue développée. Conception Jean-Marie Cusinberche, réalisation Daniel Fort, 1992.
146 Armand Seguin, *Bateaux*, aquarelle en forme d'éventail, 32,5 x 56,5 cm. Coll. Josefowitz.
147 Emile Bernard, *La Faneuse bretonne*, 1891, h. s. t. Coll. Josefowitz.
149 Roderic O'Conor, Paysage aux deux grands arbres, 1893, eau-forte et pointe sèche, 27,1 x 19,4 cm. Coll. Josefowitz.

INDEX

CRÉDITS PHOTOGRAPHIQUES

Albright-Knox Art Gallery, Buffalo 1. Archives Gallimard, Paris 130. Artephot-Bridgeman, Paris 53b. Artephot-Held, Paris 31. Artephot-J. Martin, Paris 44h, 60h, 72-73. Artothek, Peissenberg 24-25. Bibliothèque nationale, Paris 13, 52hd, 123, 129, 139. Bibliothèque nationale/© SPADEM 1993 67g. Collections particulières 7, 9, 28dh, 45, 70, 78, 82, 84-85, 85h, 85b, 86, 94, 95h, 96b, 98b, 102, 103, 118-119, 119, 124h, 131, 137. Collections particulières/© SPADEM 1993 90b, 98-99, 107h. Collection Altarriba/© SPADEM 1993 42g. Collection Josefowitz 11, 26-27, 37, 62, 79b, 80-81, 88h, 96b, 97b, 114-115, 115, 116, 120, 122b, 126h, 146, 149. Collection Josefowitz/© SPADEM 1993 couverture 1er plat, 50-51, 105, 107b, 147. Collection Pierre Fabius 121h. Collection Sirot-Angel, Paris 4, 6, 15b, 17b, 53h, 112h. Courtesy of Jordan-Volpe Gallery, New York 21b. Jean-Marie Cusinberche 72b, 78-79, 143, 144, 145. Droits réservés 69h, 69b. D.R./© SPADEM 1993 48-49. Didier Imbert Fine Art, Paris 95h. Didier Imbert Fine Art/© SPADEM 1993 3, 113h. Editions Ouest-France, Rennes 128. Fondation Vincent Van Gogh/Musée Van Gogh, Amsterdam 54bd, 54-55, 58-59. Fondation Vincent Van Gogh/Musée Van Gogh/© SPADEM 1993 55. Galerie Durand-Ruel, Paris 92hd. Galerie Durand-Ruel/© SPADEM 1993 59. Galerie Jean-Claude Bellier, Paris 108-109. Giraudon, Paris 88-89, 90-91. Giraudon/© SPADEM 1993 41g, 65. Institut suisse d'Histoire de l'art, Zurich 118hg. Laing Art Gallery, Newcastle-upon-Tyne 23h. Musée des Arts décoratifs, Paris 64h. Musée des Arts décoratifs, photo L. Sully-Jaulmes/© SPADEM 1993 64-65. Musée des Beaux-Arts de Brest 107h, 121b. Musée des Beaux-Arts, Montréal 16. Musée de l'Ostrobotnia, Vasa 18. Musée de Pont-Aven couverture, dos, 2e plat, 2, 8, 12, 16-17, 17h, 26, 32-33, 38-39, 38b, 38h, 56, 57, 67d, 74 , 75d, 76g, 76d, 88b, 91b, 96-97, 100-101, 118hd, 120-121, 122h, 124b, 126b, 126-127, 136-137b, 138, 140, 141g, 142. Musée de Pont-Aven/© SPADEM 1993 90h, 101, 127, 141d. Musée départemental du Prieuré, Saint-Germain-en-Laye 36-37, 66d, 83, 87, 92hg, 92b, 93, 110, 113b, 114, 117h, 117b, 118b. Musée départemental du Prieuré/© SPADEM 1993 34, 41d, 43, 47b, 133. Musée J. F. Willumsen, Frederikssund, photo Peter Schandorf 97h. Musées royaux d'Art et d'Histoire, Bruxelles 29, 77. Museum of Modern Art, New York/© SPADEM 1993 30-31. National Gallery of Ireland, Dublin 20. Réunion des Musées Nationaux, Paris 5, 19, 22, 23m, 23b, 24, 28db, 28g, 32, 33, 35, 36, 42-43h, 42-43b, 42d, 44m, 44b, 47h, 52hg, 52b, 56-57, 60b, 61, 64b, 68-69, 71, 72h, 75g, 79h, 104g, 104d, 110-111, 124-125, 132, 135. Réunion des Musées Nationaux/© SPADEM 1993 40-41, 46, 66g, 68, 98h, 106, 111, 112b, 112-113. Roger-Viollet, Paris 14-15, 15h. Stadsmuseum, Stockholm 21h.

REMERCIEMENTS

L'auteur et les Editions Gallimard remercient tout particulièrement Mme Catherine Puget du musée de Pont-Aven, M. Samuel Josefowitz et le Dr et Mme René Guyot, ainsi que M. Clément Altarriba, M. Jean-Marie Cusinberche, Mme Denise Delouche, Mme Claire Denis, M. et Mme Pierre Fabius, la Galerie Jean-Claude Bellier, la Galerie Didier Imbert Fine Art, M. Pierre Lemonnier, M. David Sellin, M. Bo Wingren et les collectionneurs qui les ont autorisés à reproduire les œuvres en leur possession.

COLLABORATEURS EXTÉRIEURS

Patrick Horvais a photographié les œuvres reproduites aux pages 19 et 48-49. Odile Zimmermann a assuré la recherche et le suivi rédactionnel.

Table des matières